# 아우디 그녀, 세상을 사로잡다

* 이 책의 각 에피소드는 각색되었고, 책의 내용은 개인적인 관점에서 서술된 것이며, 아우디 독일 본사,
아우디코리아 및 아우디 공식 딜러사들의 입장이나 일반적인 사업방침을 반영한 것이 아님을 알려드립니다.

# 아우디 그녀,
# 세상을 사로잡다

이연경 지음

문학동네

프롤로그

# 길 위에서 서성이는 많은 이들에게 단 하나의 영감 혹은 힌트가 되어줄 수 있기를

학창 시절, 시험이 끝나면 가장 먼저 하는 일이 무엇이었는지 기억하는가? 아마도 대부분의 사람들이 친구들과 함께 서로의 답을 맞춰보는 것이 아니었을까 싶다. 어렵고 헷갈리는 문제일수록 '아냐, 내 답이 맞아'라거나 '분명 답이 두 개인 것 같다'고 우기는 친구들이 꼭 한둘은 있었다. 하지만 시험 문제에는 항상 모범답안이라는 것이 존재하게 마련이고, 결국 우리는 그 모범답안을 알게 됐을 때 누구는 안도하고 누구는 실망할지언정 더 이상 그 문제에 대해 의구심을 품지 않았던 것 같다.

하지만 사회생활은 어떠할까. 사회생활을 시작한 지도 꽤 많은 시간이 흘렀다. 남들처럼 이력서와 자기소개서를 쓰고 두근거리는 가슴을 안고 면접장을 들락날락하던 시절이 엊그제 같은데, 어느새 나는 한 회사의 임원으로 일하고 있다. 주변의 많은 이들이 내게 묻곤 한다.

"어떻게 하면 이사님처럼 될 수 있어요?"

"그렇게 빨리 승진하고 성공하는 비결이 뭔가요?"

그럴 때마다 나는 적잖이 당황스럽다. 그 질문에는 하나의 모범적인 대답이 존재할 거라는 믿음이 있는 것 같았기 때문이다. 그들의 질문은 주로 '성공'에 포커스가 맞춰져 있다. 과연 지금의 나를 성공했다고 말할 수 있을까? 그것을 과연 '성공'이라는 단어로 설명할 수 있는 것일까? 나는 사람들이 생각하는 그 '성공'이라는 틀에 갇히고 싶은 생각도 없고, 그 말의 뉘앙스도 나와 그다지 어울리지 않는다고 느낀다.

그들이 알고 싶어 하는 것의 답을 나는 모른다. 하지만 그럼에도 불구하고 나는 책을 쓰기로 했다. 무작정 따라 할 만한 롤모델은 아니더라도, 참고할 만한 이야기는 들려줄 수 있다고 생각했다. 나는 이 책에서 '결과'에 치중하는 성공이란 말보다 그 과정에 대해 이야기하고 싶다. 나를 성공했다고 말하는 후배들이 있다면, 성공의 의미부터 다시 생각해보도록 권하고 싶다. 수많은 책, 내가 만났던 사람들이 내게 하나의 '영감'이 되어주었듯, 나의 경험이 후배들에게 결정적 힌트가 되어줄 것이라 믿는다.

학교 다닐 때 나는 공부보다 사람들과 어울려 놀기 좋아하는 철없는 날라리였다. 놀러 다니는 줄로만 알았던 내가 어느새 아우디의 마케팅총괄이사가 된 것이 사람들은 단번에 이해되지는 않을 것이다. 하지만 많은 곳을 거치는 동안, 내가 어디에 있든 무슨 일을 하든 좋아하고 집중했던 일은 단 한 가지였다. 사람들이 무엇을 원하도록 '열망'을 불어넣는 일, 그것은 사회에 나와보니 '마케팅'이라는 말로 불렸다.

매 순간 새로운 것을 즐겁게 흡수하고, 문화를 퍼뜨리고 다녔던 그 날라리적인 기질과 열정이 지금의 나를 만들었다. 열정은 그 불씨를 꺼뜨리지 않는 한 끊임없이 진화한다. 작은 꿈일지언정 그것으로 마음에 불을 지피길 권한다. 끝까지 잘 유지한다면, 이 불씨는 곧 큰 불이 될 수 있을 것이다. 초심을 갖고 있는 자만이 진정 원하는 것을 이룰 수 있다. 부디 이 처음의 설렘과 두려움을 끝까지 간직하기를 바란다.

내 인생 첫 회사에서 나는 매일 상사의 머그컵을 닦았다.

누가 시킨 일이 아니었다. 그 회사를 그만둘 때 상사가 고맙다고 말하지 않았던들, 내가 컵을 닦은 것을 그분이 알고 있다는 사실도 몰랐을 것이다. 생색내며 잘 보이고 싶은 마음이 없었다는 말이다. 그때 내 생각은 단순했다. 내 인생의 첫 사수인 상사가 아침마다 깨끗한 컵에 커피를 마셨으면 좋겠다는 생각. 회사를 그만둘 때 상사가 그 일로 나를 높이 평가했을 때는 그저 듣기 좋은 덕담이라고 생각했다.

하지만 지금은 안다. 사회생활에서 가장 필요한 것이 상대방을 생각하는 배려심과 존중하는 마음임을. 엄청난 스펙을 자랑하는 신입사원들이 많지만 정작 회사에 들어와서 고전하는 모습을 많이 본다. (전문직이 아니라면) 회사에서 하는 일의 대부분은 그들이 스펙을 만들기 위해 했던 공부와는 비교도 할 수 없을 정도로 난이도가 낮다. 말하자면 기본만 지켜도 제대로 일할 수 있다는 것이다.

나는 이 책의 프롤로그에서 이 말을 꼭 하고 싶다. 엄청난 실력을 가진 후배들이 바로 그 기본을 잊고 있다고 말이다. 안타깝게도 수많은 이들이 기본을 지키지 못해 실수를 하고 실패한다.

진심을 다하느냐

상대를 배려하느냐

성실과 최선을 다하느냐

향상되려고 노력하느냐

내가 팀원과 회사에 이득을 줄 수 있느냐

……

이중에서 사람이 할 수 없는 일은 없다. 회사생활은 웬만한 문제가 없는 한 승진하고 지위가 높아지게 되어 있다. 그중 기본을 지키는 사람만이 자신이 진짜 하고 싶은 범위의 일까지 해낼 수 있다. 후배들이 그 기본이라는 문턱에서 주저앉지 말고 훌쩍 뛰어넘어, 그 이후에 기다리고 있는 흥미진진한 세계로 거침없이 진입하길 기대한다.

매번 프로젝트가 시작될 때마다 나는 오르막길을 오르는 힘 좋은 엔진처럼 더더욱 속력을 내곤 했다. 거칠고 걸핏하면 생채기가 나는 길이었지만 그럴수록 알 수 없는 힘이 안에서 솟아났다. 즐기는 마음 없이는 불가능한 일이다. 나는 그렇게 일했다. 롤모델이 없어도, 참고할 선배가 없어도 나 자신이 좋아하는 일에 뛰어들어 일을 스승 삼아 하나하나 배워나갔다. 하기 싫은 일은 하지 못하는 성격 탓에 정형화된 틀에 맞춰 일하지 않았다. 나에게 어울리고 내가 가장 잘할 수 있는 방식, 새로운 방식을 모색했고 시도했다. 그 결과는 짜릿했다. 환희와 눈물, 그 놀라운 카타르시스는 느껴본 사람만이 알 것이다.

검은 정장 슈트에 킬힐을 신고 출근하는 이연경도, 스터드 장식이 가득 박힌 가죽 라이더 재킷을 입고 클럽에 가는 이연경도 모두 나다. 누군가의 작은 선의에 감사하고 눈물을 적시는 사람도 나고, 황무지에 신기루 같은 건물을 세우고 아스팔트 트랙을 까는 무지막지한 일을 벌이는 사람도 나, 이연경이다. 자신 안에 존재하는 다양한 모습과 가능성을 스스로 제한하지 않고 기꺼이 일에 쏟아붓는 사람만이 경쟁 사회에서 남다른 일을 이룰 수 있음을 경험으로 알게 되었다. 그리고 그러한 이들이 내 눈에 훨씬 인간적이고 매력적이기도 하다.

누군가의 성공을 모방하기보다 자신만의 방법을 찾는 이들이 많아졌으면 좋겠다. 이 책이 자신만의 길과 방법을 찾는 또 하나의 가능성이자 강력한 힌트가 되길 바란다. 길 위에서 서성이는 모든 이들, 사회생활에 처음 뛰어드는 후배들, 자동차 업계에서 일하고 싶은 이들, 혹은 나에 대해 궁금했던 모든 이들에게 말이다. 하나의 힌트라도 얻는다면, 얻은 만큼 나보다는 좀 더 쉽게 자신의 길을 걸을 수 있으리라 믿는다.

이 연 경

차례

## 2장 힘껏 밟아라, 가고 싶은 그곳까지!

## 3장 설렘부터 감동까지, 그 길고도 짧은 질주

## 4장 길 위에 있는 이들에게



Unlimited

| 1장 |

# 어 느 날 아 우 디 가 내 게 왔 다

# 아우디코리아가 내게 왔을 때, 망설임 없이 올라탔다

처음 시도하는 자신감, 확신이 있을 때까지
완벽하게 해내는 근성. 이것이 아우디와 나의 공통점이다.
무언가를 처음 시도한다고 해서 돈키호테 식으로
앞뒤 없이 뛰어든 적은 없다. 남들 눈에는 무모하게 보일지라도 자기만의
확신이 있다면 그 길을 가야 한다. 내가 아우디의 프러포즈에
흔쾌히 허락을 했던 것도 바로 그 때문이었다.

"0000. 끝자리 0000 번호 줄 수 있나요?"

2004년, 초여름의 햇살이 따가운 서울 도심 코엑스 피벗포인트에서 나는 전화 회사와 씨름하고 있었다. 0000, 아우디의 로고를 연상시키는 이 번호를 결코 포기할 수 없었다. 나는 아우디코리아 사원번호 1호다.

그해 내내 회사 사무실을 임대하는 일부터 인테리어 소품까지, 전화번호를 정하는 일부터 직원과 딜러사 면접까지, 작은 비즈니스 센터에서 나는 혼자 모든 일을 해야 했다. 2004년 4월, 아우디코리아 출범 기자회견을 한 후 6개월 동안 사원은 나 혼자였다. 독일 본사에서

는 나를 통해 아우디코리아를 만들어나갔고, 직원이 되려는 사람들과 딜러사가 되려는 사람들, 기자에 이르기까지 아우디에 문의할 것이 있는 사람들은 나와 연결되었다.

주위에서 '일이 너무 많은 것 아니냐' '혼자서 그 일을 다 하는 거냐'고 걱정을 많이 했지만, 나는 힘든 줄도 몰랐다. 아우디코리아가 정식 출범하기 전인 2001년부터 기다리고 또 기다리던 날들이기 때문이었다.

글로벌 회사에서 일하는 것은 오래전부터 가지고 있었던 나의 꿈이다. 하지만 내가 처음 자동차 관련 일을 시작한 곳은 아우디의 공식 수입업체인 G사였다. 그 당시에는 아우디가 3년 후에 한국에 지사를 열 것이라고는 상상도 못했다. 지금 똑같은 상황이 닥친다면 그래도 나는 G사를 선택했을까? 아마 살짝 고민했을 것이다. 그 정도로 그 시절은 힘들었다. 하지만 나는 틀림없이 그곳을 다시 선택했을 것이다. 돌아보면 매 순간이 운명 같았으니까.

매끈한 돌고래의 선을 연상시키는 아우디만의 디자인은 마치 영화의 한 장면처럼 운전자에게 이렇게 말하는 듯하다.

"결코 거절할 수 없는 제안을 하나 하지."

그렇게 아우디도 나에게 다가왔다. 21세기가 시작된 지 1년도 채 지나지 않은 시점, 나는 아우디가 세계 명차 브랜드라는 것은 알았지만 그 이상의 정보는 없었다. 글로벌 감각이 있다고 자부한 나도 그런 상황이었으니, 당시 아우디는 최소한 한국에서만큼은 무명에 가까운 브랜드였다.

"자넷[o], 아우디에서 한국에서 홍보를 담당할 직원을 뽑는대. 관심 있으면 연락해봐."

버슨마스텔러라는 PR그룹 한국 지사에서 일할 때 알게 된 친구가 내게 아우디를 소개했다. 자동차라면 평범한 여자들 정도의 상식을 가졌던 내게 아우디는 거절하기엔 치명적으로 매력적이었다고 할까. 솔직히 말하자면 아우디는 내게 자동차로 다가온 것은 아니었다. 내게는 자동차이기 이전에 유혹적인 브랜드였고, 터지기를 기다리는 폭죽 같은 것이었다.

당시는 2002년 월드컵이 시작되기 전, 아우디뿐 아니라 수입차 자체가 생소한 때였다. 벤츠나 BMW 정도가 그나마 고급차로 인식될 정도였고 일본차들이 조금 알려져 있었다. 나는 아우디에 대해 조사를 시작했다. '듣다'라는 라틴어를 브랜드 네임으로 내세운 아우디는 1910년 이래 유럽에서 고급차의 명성을 죽 이어오고 있었다. 자동차에 대한 사랑이 남다른 유럽인들도 갖기를 꿈꾸는 고급차 아우디는 세계 자동차 애호가들에게 변함없는 사랑을 받고 있었다.

알면 알수록 나는 아우디에 매료되었다. 기술적인 내용들을 모두

---

[o] 자넷은 독일 아우디 본사와 외국 친구들 사이에서 통용되는 내 영어 이름이다.

이해한 것은 아니지만, '기술을 통한 진보Vorsprung durch Technik'라는 아우디의 철학과 진취성이 무척이나 마음에 들었고 내 성향과 딱 맞아떨어졌다.

자동차 애호가들은 아우디 하면 반사적으로 '콰트로quattro'라는 말을 떠올린다. 콰트로란 아우디에서 개발한 '풀타임 사륜구동 시스템'을 말한다. 제2차 세계대전 때 군용차인 지프를 위해 개발된 이 시스템은 무거운 짐을 싣고 다양한 사정의 도로를 달리는 데 최적화되어 있다. 아우디가 세계 최초로 이 시스템을 승용차에 적용한 것이다. 엔진의 동력이 네 바퀴에 골고루 전달되어 승차감은 물론 험한 길에서도 뛰어난 안정성을 보여 아우디만의 기술력을 대표한다.

품질에서 아우디가 타협하는 것은 하나도 없었다. 아우디는 거의 다섯 달에 걸쳐 보통 사람들이 12년 동안 운행하면서 맞닥뜨릴 수 있는 주행환경을 테스트한다. 폭우 속에서 시속 300킬로미터의 바람을 맞으며 달리는 시험은 하나의 예에 불과하다. 50도의 뜨거운 온도에서 달리게 하다가 영하 35도의 비포장도로를 달리게 하기도 한다. 이때 시험을 받는 것은 엔진이나 차체만이 아니다. 실내 장식과 부품까지 극한 기온에서 견뎌야 한다. 실내 온도 90도에서도 플라스틱 부품이 멀쩡해야 하고 좌석 시트용 가죽 역시 아우디 테스트를 통과해야만 차에 쓰일 수 있다.

한마디로 아우디는 최고의 상태가 아니면 시장에 나올 수 없다. 이런 노력 덕분에 아우디는 까다로운 서유럽 자동차 애호가들에게 최정상급 자동차 회사로 각인되었다. 아우디에서 신차를 시장에 내보내기 전에 얼마나 까다로운 테스트를 하는지 알게 된 나는 점점 확신하게 되었다.

최초의 시도를 두려워하지 않는 모험심과 사소한 것 하나도 그냥 지나치지 않는 완벽주의에 끌렸다. 자동차도 이렇게 품격이 있으면서 아름다울 수 있다니! 하지만 무엇보다 나를 유혹한 것은 한국에서 아우디가 그야말로 무명이라는 점이었다. '지금보다 많은 사람들이 열광하는 브랜드로 만들 수 있을 것 같아. 그럼 그 일을 내가 해야지!' 밑도 끝도 없었지만 강렬하고 확실한 직관이 내게 말을 걸고 있었다. 아우디는 저평가되어 있었다. 그리고 나는 아우디라는 브랜드를 유명하게 만들 자신이 있었다.

아우디 본사에서는 매년 한 번 지사가 있는 각국에서 아우디 인지도 조사를 실시하고 평가한다. 이 조사는 2001년부터 시작되어 지금까지 이어지고 있다. 홍보와 마케팅 업무를 맡고 있는 나의 성과는 이 조사를 통해 가장 중요하게 평가된다.

처음 조사를 시작한 2001년 당시 인지도 그래프를 보면 맨 위에 BMW가 자리를 차지하고 있다. 그다음이 벤츠, 맨 밑이 아우디다. 보통 사람들은 물론 고급차를 타는 사람들도 아우디에 대해 아는 것이 없었다는 것을 그래프만으로도 알 수 있다. BMW와 벤츠는 아우디와 비교도 할 수 없을 만큼 오래전부터 한국에 들어와 지명도를 높이고 있었기 때문에 그것을 능가하기란 쉬운 일이 아니었다.

이 조사에서 가장 중요한 항목은 브랜드 인지도awareness와 얼마나 고급차로 인식을 하느냐는 프레스티지prestige 항목이다. 2001년에 아우디의 인지도와 프레스티지가 바닥이었던 것은 어쩌면 당연했다. 정식 지사가 설립되지 않았으니 홍보 활동도 제대로 되지 않았다. 나는 아우디의 고민을 이해했을 뿐 아니라, 그 고민을 해결할 사람이 바로 나라는 확신도 있었다. 아우디를 거절할 이유가 전혀 없었다.

"자동차 회사에 간다고?"

"네가 자동차에 대해 얼마나 뭘 안다고?"

주위 사람들의 첫 반응은 내가 자동차 업계에서 수없이 받아야 했던 시선과 같았다. 여자는, 나처럼 어린 여자는 자동차를 잘 모른다는 편견, 자동차를 제대로 홍보할 수 없으리라는 시선을 맞닥뜨리고 넘어서는 것은 처음 한 번으로 끝나는 일이 아니었다. 그때마다 힘들었지만, 지금은 내가 아우디와 닮은꼴이기 때문에 이것도 어쩔 수 없는 운명이라고 생각한다.

처음 시도하는 자신감, 확신이 있을 때까지 완벽하게 해내는 근성. 이것이 아우디와 나의 공통점이다. 무언가를 처음 시도한다고 해서 돈키호테 식으로 앞뒤 없이 뛰어든 적은 없다. 남들 눈에는 무모하게 보일지라도 자기만의 확신이 있다면 그 길을 가야 한다. 내가 아우디의 프러포즈를 흔쾌히 허락했던 것도 바로 그 때문이었다.

자동차는 기계지만 결국은 사람이 타는 것이라는 생각. 바로 이 생각이 내 자신감의 원천이었다. 자동차를 기계의 조합으로만 생각하는 사람은 없다. 자동차 엔지니어라 할지라도 소유하고 있는 자동차에 대한 느낌은 자기가 조립하고 다루는 기계 그 이상일 것이다. 전시된 자동차와 내가 갖고 있는, 혹은 갖고 싶은 자동차는 다르다.

내 자동차는 나와 내 가족의 발이 되어준다. 자동차는 가족 혹은 연인이 대화를 하고, 음악을 들으며 사랑을 키워가는 공간이자 그 추억이 쌓이는 공간이다. 때로 자동차는 울적한 마음을 풀어주는 친구가 되어주기도 한다. 그리고 자동차는 타인의 시선을 가장 강렬하게 받는 물건이다. 여성들이 아름다운 명품백에서 시선을 떼지 못하듯이, 멋진 차를 보면 사람들은 그 차에서 내리는 주인을 주목하게 마련이다. 자동차는 특히 한국 사회에서 자신을 드러내는 데 가장 많이 쓰이는 수단이다. 자동차 한 대로 '나 이런 사람이야'라고 말하는 것이 가능하다는 뜻이다. 한 장의 명함보다 빠르고, 한마디 말보다 세다.

자동차는 전혀 다른 성질이 가장 조화롭게 공존하는 최고의 아이템이다. 냉정하고 정확하기만 한 기계의 조합이 인간의 가장 내밀한 감정을 건드릴 수 있다는 사실이 무척 매력적이었다. 나는 늘 새롭고 행복한 일을 하면서 눈에 띄는 성과를 내보고 싶었다. 좌뇌의 조합인 자동차를 사람들의 우뇌를 건드려서 팔고 싶었다. 최고의 품질을 가진 아우디를 사람들에게 알리고 그들이 열망하게 하고 싶었다.

"아우디, 갖고 싶은 차 1순위!"

"비싸지만 돈이 아깝지 않은 차!"

"꼭 한번 타보고 싶은 차!"

2004년 아우디코리아가 출범하면서 나는 내가 가진 모든 것을 아낌없이 쏟아부었고 그것들은 연결된 폭죽처럼 시너지 효과를 내기 시작했다. 아우디 본사에서 작성한 조사 자료에서 아우디코리아의 인지도 그래프가 엄청난 토크torque[●]로, 오르막길을 오르는 파워풀한 엔진처럼 가파르게 상승하기 시작한 것도 바로 이 시점부터였다. BMW는 물론 2위인 벤츠와도 엄청난 격차로 떨어져 있던 아우디의 인지도, 그리고 프레스티지는 2010년 드디어 벤츠를 따라잡았다.

현재 아우디는 수입차 중 가장 높은 성장률을 기록하고 있는 브랜드다. 공격적으로 마케팅과 홍보를 시작한 2004년부터 햇수로 8년, 그동안 나도 많이 변했다. 수많은 사건과 경험을 겪으며 나와 아우디는 아직도 함께 성장하고 있다.

---

● 엔진 성능을 표시하는 한 잣대로, 엔진을 돌리는 회전력 즉 힘을 말한다. 최대 토크가 높을수록 힘이 좋은 엔진이라고 할 수 있다.

# **최연소 임원**이라는 **타이틀**이 **설명하지** 못하는 **것들**

그들은 내가 당연히 더 큰 지위를 바랄 거라고 믿는 것 같다.
하지만 나는 내일을 바라며 오늘 일하지 않았다.
매 순간을 기꺼이 돌파하며 그 땀과 노력이 주는 기쁨을 내 것으로 삼았다.
만일 훗날의 지위를 생각하며 일했다면 나는 버티지 못했을 것이다.
로버트 기요사키가 말했던가? 오늘은 '승자의 단어'요,
내일은 '패자의 단어'라고.

'수입차 업계 여성 파워!' '수입차 업계 최연소 이사'

타이틀이 생기자 나를 알아보는 사람들이 많아졌다. 면접을 보러 온 이들이 나를 알아보고 반가워한 경우도 있었다. 타이틀이 생기니 내가 어느 회사의 누구고, 무슨 일을 하는 사람인지 일일이 설명할 필요가 없는 점은 편리했다. 사람을 만날 때마다 지면이나 매스컴을 통해서 나를 알고 있을 이들이 많았다. 하지만 나 자신은 바로 그 타이틀 때문에 때로 원하지 않는 이미지에 둘러싸여야 했다.

"이사님이니, 최연소 여성 임원이니 하는 말이 틀린 말은 아니지 않

습니까?"

"남보다 성공했으니 타이틀이 붙는 것도 당연하죠."

"여자 후배들에게 롤모델이 될 것 같아요."

그런가? 수입차 업체에서 일하는 친구들이 나를 보며 비전을 얻는다는 것은 좋은 일이다. 그러나 '수입차 업계의 최연소 여성 임원'이라는 말을 들을 때마다 나는 다소 불편해지거나 심할 때는 공격받는 느낌이 들곤 했다. 좀 지나친 반응이 아니냐는 지인들도 있지만, 내가 겪어온 일을 아는 사람들은 내 느낌이 과장되었다고 말할 수 없을 것이다.

타이틀은 타이틀일 뿐이다. 여기에 과정은 보이지 않는다. 한순간에 '임원'이 된 것도 아니고, 하늘에서 '이사' 자리가 뚝 떨어진 것도 아니다. 그럼에도 이 타이틀을 남들의 입을 통해 들을 때마다 나는 설명할 수 없는 모종의 갑갑함을 느꼈다. 또 이러한 말들은 타이틀답게 진실에 가까운 말보다는 호기심을 끌 만한 단어로만 조합되어 있다. 사람들이 관심을 가지는 지점은 바로 여기다. '최연소' 그리고 '여성'. 이런 말에는 실은 여자, 그것도 나이 어린 여자가 자동차 업계에서 임원이 되어도 되느냐는 우리 사회의 통념이 배어 있다. 그동안 느꼈던 불편함의 정체를 깨닫는 순간이다.

그렇다. 단순히 타이틀에 불과한 말 한마디에도 민감할 수밖에 없을 정도로 나의 아우디 생활은 공격과 방어로 점철되어 있었다. 처음 아우디와 인연을 맺었을 때 나이가 스물일곱. 수입차라고 해도 직원들 대부분은 남자였다. 한국 자동차 업체에서 일하다 수입차로 자리를 옮긴 40대에서 50대 중반의 남성들.

홍보 담당자로 정식 채용된 나였지만, 그들에게 나는 '새파랗게 어린' '자동차에 대해 뭘 아는지' 알 수 없는 여자일 뿐이었다. 그런 사람들과 함께 일을 해야 한다는 것은 매일 전쟁이었다.

사람들 말대로 남들보다 빨리 승진해 최연소 임원이 되었지만, 내가 일하는 상황은 별반 다르지 않았다. 나는 늘 싸우며 일해야 했다. 어느 프로젝트 하나 순조롭게 진행되는 경우는 거의 없었다. 수입차 업계의 여성 마케팅 임원이라는 자리는 구설수를 달고 다녔다. 새로운 형식의 신차 발표회를 하려고 하면 기존 한국 자동차 발표회에서 보지 못했다는 이유로 '꼭 튀는 짓을 하려고 한다'는 소리를 들어야 했다.

화가 나는 상황일수록 나는 일에 몰두했다. 2004년부터 가파른 상승곡선을 보이는 브랜드 이미지, 프레스티지 수치를 보며 스스로를 위로했다. 의미 없는 말 대부분은 시간이 흐름에 따라 사라졌다. '튄다'는 말은 그 '튀는 짓'의 놀라운 마케팅 효과가 증명되면서, 말할 가치도 없는 루머는 세일즈 수치가 높아지면서 사라지기 시작했다.

'이 그래프를 만든 사람이 남자였다면 대단하다는 말밖에 할 게 없었겠지.'

거의 무명인 브랜드를 최고의 명차로 자리매김시키는 것이 얼마나 어려운 일인지 홍보나 마케팅을 해본 사람은 알고 있다. 하지만 이 일을 이뤄낸 사람이 여자이고, 어린 나이의 나였기 때문에 대부분의 사람들은 그 일이 얼마나 어렵고 힘든 일인지에 방점을 찍지 않았다. '최연소 여성 임원'. 이 타이틀에도 나의 피 튀기는 노력과 그에 따라 당연하게 온 결과물이라는 뉘앙스는 찾아보기 어렵다. 아무리 호의적으로 받아들인다 해도 뭔가 신기하고 새롭다는 정도의 의미 외에 뭘 더 찾을 수 있을까?

이 땅에서 글로벌 기업이라는 영역에 있는 나도 한국의 기업 문화에 고개를 절레절레 흔들 때가 많다. 거래업체와 미팅을 할 때만 해도 처음 만나는 자리인 경우 아무도 내가 아우디의 마케팅 이사일 것이라 생각하지 못한다. 이사가 이렇게 어리거나 여자일 리 없다고 생각하는 것이다. 내 옆자리에 선 부하 남자 직원에게 먼저 악수를 청하며 인사를 건네는 해프닝도 여러 번 있었다. 내가 이사임을 알고 나서도 대개 중년 남성인 상대 회사의 임원들은 쭈뼛거리거나 얼굴에 불편한 기색이 역력했다.

회사 내에서도 마찬가지다. 회사라는 것은 성과에 따라 직급이 결정되고 직급에 따라 해야 할 일이 정해져 있게 마련이다. 그런데 한국에서는 늘 나이나 여성이라는 것이 걸림돌이 된다. 회사의 모든 일은 각 부서가 유기적으로 움직여야 하는 경우가 많다. 내가 하는 일도 다를 바 없는데, 나는 당연히 '요청'해야 할 사항에도 상대가 연장자라는 이유만으로 '부탁'을 해야 한다.

나는 이사가 되면서 한 가지를 결심했다. 나보다 열 살 이상 많은 사람들이 대부분이니까 나보다 직급이 낮더라도 나이에 대한 예우를 하기로 말이다. 공과 사를 확실히 구분하는 내게는 나름 결심이 필요한 일이었다. 나는 독일 본사에서처럼 회사에서는 일 관계로만 이어지기를 원했지만, 한국이라는 환경을 무시할 수 없었다. 독일 본사처럼 한다면 '김부장' '이차장' 하며 성姓과 직급만 붙여도 상관없지만 항상 '님'을 붙여 존칭한다. 이렇게 호칭을 정하자 나이가 많은 부하 직원들도 나를 '이사님'이라 부르며 존칭을 해주었다.

그런데 이런 상황에 모두가 바로 적응하는 것은 아니다. 나로서는 상대의 나이에 걸맞은 예우를 했음에도 그쪽의 태도에 여전히 변화가 없는 경우가 있다. 보통 여자 직원일 때가 많은데, 회사 공식 회의석상에서조차 나를 번번이 '이이사'라고 불러 직접 면담해 정정한 적도 있었다. 막상 이야기를 해보면 상대방은 이러한 호칭 문제에 대해 별다른 의식조차 갖고 있지 않은 경우가 많았다. 여성들이 공적인 자리에서도 사적인 자리처럼 행동한다는 것을 알고 있었기에 그 점은 이해할 수 있었다. 하지만 서먹한 자리를 결심하면서까지 해결해야 할 문제가 호칭 문제라는 건 서글픈 일이다.

남들은 내가 어린 나이에 과분한 성공을 얻었다고 생각하는 것 같다. 하지만 그 화려한 스포트라이트 뒤에 가려 잘 보이지 않는 시간을 무엇으로 다 설명할까. 주말 없이 보낸 숱한 세월, 출장과 야근으로 친구들과는 점점 멀어지고, 가족들 얼굴도 보기 어려웠던 그 시간들, 남자들도 버거워하는 강도 높은 출장 일정과 업무로 병원에서 링거를 맞고 출근했던 날들의 연속이었다. 그 수년의 성과를 인정받아 임원의 위치에 올랐고, 또 마케팅 이사가 되었다. 그 사실이 내게는 전혀 부담되거나 버겁지도 않다.

'최연소 여성 임원'이라는 타이틀에 흥미를 갖는 사람들은 늘 '다음은?' 하고 묻는다. 그들은 내가 당연히 더 큰 지위를 바랄 거라고 믿는 것 같다. 하지만 나는 내일을 바라며 오늘 일하지 않았다. 매 순간을 기꺼이 돌파하며 그 땀과 노력이 주는 기쁨을 내 것으로 삼았다. 로버트 기요사키Robert Kiyosaki가 말했던가? 오늘은 '승자의 단어'요, 내일은 '패자의 단어'라고. 만일 훗날의 지위를 생각하며 일했다면 나는 버티지 못했을 것이다. 나에게 중요한 것은 즐거움이다. 즐거움이 없었다면 시작하지도 않았을 일이고, 즐거움이 없는데 계속할 생각도 없다.

나는 내 일로 사람들에게 평가받고 싶다. 타이틀은 너무 많은 편견으로 나를 불편하게 한다. 즐거운 일을 열심히 해서 성과를 얻었다. 이 정도면 무엇이 더 부족하단 말인가? 만일 내가 성공했다고 생각하는 사람이 있다면, 나처럼 되고 싶은 사람이 있다면 나는 그저 이렇게 말하고 싶을 뿐이다.

즐거운 일을 즐겁게 하라고, 자신이 원하는 것이 직함이라면 결코 즐거울 수 없을 것이라고.

## 그때 그 **날라리**가 **아우디 이사**라고?

파티 운영비를 위해 겁 없이 프레젠테이션을 하러 다니던
스물여섯 살의 나. 사람들은 지금 아우디 마케팅 총괄이사가
그때의 이연경이라는 것을 상상이나 할까.
다들 깜짝 놀랄지도 모르지. 하지만 나는 아무것도 놀랍지 않다.
매 순간 새로운 것을 즐겁게 흡수할 줄 알았던
그 날라리 기질이 바로 오늘의 나를 만들었으니까.

대학 시절을 회상하면 학교에서의 기억보다 밖에서의 기억이 더 많다. 나는 학교에 다니면서도 계속 일하고 싶다는 생각을 했다. 얼른 사회인이 되고 싶다는 마음은 고등학교 때부터 가졌다. 아니, 중학교 때 일본 홈스테이를 경험한 뒤부터 내 마음속에는 하루라도 빨리 더 넓은 세상으로 나가고 싶은 마음이 자라고 있었다.

그리고 일을 한다면 글로벌한 일을 하고 싶었다. 그러니 학과 공부보다 영어를 더 열심히 할 수밖에 없었다. 낮에는 학교 밖 영어 학원에서, 밤에는 당시 유행하던 나이트클럽에서 지냈다. 학교에서의 생활만으로는 만족할 수 없었던 나는 고등학교 때도 어른처럼 차려입고 대학가 근처에서 노는 소위 '날라리'였다. 고등학교 2학년 때 떨어진

성적을 올리기 위해 잠시 '놀기'를 그만두었지만, 대학에 들어간 뒤에는 그야말로 물 만난 고기처럼 신나게 맘껏 놀았다.

생각해보면 나는 꽤 유행에 민감하고 사람들과의 만남을 즐기는 대학생이었다. 하지만 이건 어디까지나 좋게 포장한 것이고 부모님을 비롯한 어른들의 눈에는 철없는 날라리로밖에 보이지 않았을 것이다. 시시각각 변하는 최첨단 유행을 따라가려면 부모님에게 타는 용돈으로는 어림도 없었다. 마음에 드는 옷과 구두, 팔찌 같은 패션 아이템을 보고 온 날은 잠을 못 이룰 정도로 빠져들고 좋아한 터라 아르바이트는 필수였다. 번 돈은 모두 나의 스타일로 저금되었다.

내가 대학 다닐 때 유행하던 대학생들의 스타일은 예복에 가까운 정장이었다. 덕분에 사회인이 된 뒤에도 한동안 잘 입을 수 있었는데, 사회인이 되어서도 패션에 대한 관심은 여전했다. 사회인이 된다고 날라리 기질이 어디로 사라질까. 아르바이트가 아닌 월급으로 떳떳하게 놀 수 있으니 얼마나 즐거웠는지 모른다.

버슨마스텔러에 다니던 99년 무렵, 홍대 일대에 클럽이라는 것이 생겨나기 시작했다. 우리나라에서 이전에는 볼 수 없었던 문화 장소의 탄생이었다. 그곳에서는 텔레비전에서는 볼 수 없는 인디밴드들의 새로운 음악을 가장 먼저 접할 수 있었고, 자유로운 몸짓으로 음악을 즐기는 이들이 있었다. 나 같은 날라리에서부터 인디 뮤지션, 무용, 미술 하는 친구들까지 창의성과 개성 넘치는 사람들이 한데 모여 홍대 일대를 뜨겁게 달구어가고 있었다. 소위 홍대 문화가 생기기 시작한 것이다.

클럽을 알게 된 후, 금요일과 토요일은 나의 클럽데이였다. 물론 그때는 지금의 홍대를 널리 알린 '클럽데이'라는 프로그램이 생기기 전이었다. 클럽데이를 할 정도로 클럽이 많았던 것은 아니지만, 클럽의 매력에 빠진 친구들은 대부분 나와 성향이 비슷했다. 매주 금요일과 토요일 밤, 클럽으로 출근하다보니 어느새 홍대 앞에 모이는 웬만한 이들과는 모두 얼굴을 익히게 되었다. 매주 클럽에 모이는 사람이 다 해봐야 100명 정도일 때의 일이다. 그 100명이 우리나라 유행을 선도하는 당시의 신예들이었다고 해도 거짓말이 아닐 것이다.

J라는 친구를 만난 곳도 홍대 클럽에서였다. J는 미국 교포로 한국에서 모델로 활동 중이었다. 그와 나는 공통점이 많았다. 새로운 스타일에 민감하고 음악과 공연을 즐긴다는 점이 그랬다. 어느 날 그 친구가 내게 사업을 하나 하고 싶다고 했다. 바로 '파티플래닝'이라는 것이었는데, 파티라는 말도 생소하던 시기에 그 파티를 기획하는 회사를 만들고 싶다는 것이 J의 말이었다.

뉴욕에서 살았던 친구에게 파티는 낯선 것이 아니었다. 그는 뉴욕의 파티 문화를 청담동에 퍼뜨리고 싶다고 했다. 생각해보니 가능성이 있어 보였다. 친구는 아는 사람들이 많았는데, 특히 교포 출신 또래 친구가 많았다. 당시는 외국계 파이낸스 회사들이 한국에 지점을 내기 시작했을 때다. 외국계 기업들은 적잖은 수의 한국인 교포 출신 직원들을 한국에 파견했다. 그들이 가장 목말라하는 것이 바로 한국의 놀이 문화였는데, J가 이 점에 착안했던 것이다.

나와 J와 또 다른 친구 하나. 여자 셋이 별다른 자본도 없이 파티

회사를 만들었다. 처음에는 반신반의했지만 청담동 첫 파티부터 나는 깜짝 놀라고 말았다. 어디서 이 많은 사람들이 다 나타났는지 모를 정도로 그야말로 수많은 인파가 발 디딜 틈도 없이 파티장을 메웠던 것이다. 청담동의 파티장은 스타일 좋은 친구들과 세련된 문화, 그리고 감각적인 음악으로 채워졌다. 우리의 파티는 입소문을 타기 시작했다. 그야말로 새로운 바람을 일으켰던 것이다.

새로운 사람들을 만나 즐길 수 있는 파티를 열었다는 것이 스스로 생각해도 대견했다. 하지만 대견한 것과 수익은 별개였다. 파티도 사업인 이상 수익이 나야 지속할 수 있다. 다음 파티를 이어가려면 파티 비용을 감당할 만한 새로운 방법을 찾아야 했다.

파티를 열기 위한 초기 비용으로 장소 대여비가 가장 컸는데, 우리는 술과 음료를 팔아 이를 충당할 수 있으리라 예상했다. 하지만 예상과는 달리 술을 사 마시는 사람이 거의 없었다. 초기 파티는 우리의 파티를 알리고 사람을 모이게 하는 것이 목적이었기 때문에 대부분의 손님이 아는 사람이었다. J가 아는 사람, 내가 아는 사람, 친구가 아는 사람. 아는 사람의 친구, 아는 사람 누구를 통해 소개받은 사람. 이래저래 돈을 받을 수 없었다.

'참가비를 받을까?' 지금은 대다수의 파티에서 '커버 차지cover charge'라고 해서 입장료 개념의 돈을 받지만, 그때는 생각에 그쳤다. 파티도 낯선데 돈을 내고 입장할 사람이 있을까 싶었던 것이다. 하지만 어쨌든 방법을 찾아야 했다. 파티를 계속 열고 싶다면 선택의 여지가 없었고, 또 방법이 있을 것 같다는 확신이 들었던 것이다.

나는 주변에서 마케팅 채널을 찾는 데 고심중인 회사를 알아보기로 했다. 대표적인 업체가 주류업체와 담배업체. 특히 외국 담배 회사를 타깃으로 삼으면 괜찮겠다는 생각이 들었다.

우리나라에 들어온 수입 담배는 광고 제약이 컸다. 방송 광고는 물론 담배를 파는 영업소 외부에 광고 전단물을 붙이는 것도 금지였다. 담배 회사가 행사의 스폰서가 되는 것은 금지가 아니었지만, 담배 회사를 노출할 수 없었다. 고육지책으로 길에서 담배를 한 개비씩 나눠주는 샘플링 행사를 했지만 이마저도 곧 금지되었다.

나는 이 점에 착안했다. 그리고 곧 프레젠테이션 자료를 만들었다. 우리 파티에 오는 사람들의 연령대, 성향, 파티의 분위기를 효과적으로 알리면서 담배 브랜드를 어떻게 노출할 것인지까지 상세하고 확실한 자료였다.

나는 J와 함께 프레젠테이션을 하러 다녔다. 처음 공략한 담배 회사는 필립모리스코리아였다. 말보로로 유명한 이 담배 회사는 버슨마스텔러의 고객이기도 했고 국내에서 인기도 최고였다. 나는 잔뜩 기대하고 프레젠테이션을 했지만, 광고 없이도 잘 팔리는 필립모리스로서는 아직 한국에는 생소한 파티를 후원한다는 것을 귀담아듣지 않았다. 이해는 했다. 당시에는 파티에 광고를 한다는 개념 자체가 없었을 때니까 말이다. 스물여섯 살, 어린 여자 둘이서 파티를 하겠다며 프레젠테이션을 하러 다니는 것은 그들에게는 그저 좋은 구경거리에 불과했을지도 모른다.

우리의 제안을 진지하게 받아들이고 적극적으로 분석한 것은 또 다른 담배 회사인 BAT(브리티시 아메리칸 토바코)였다. 던힐로 유명한 이 회사는 후발주자로서 새로운 마케팅 전략이 절실했다.

그들은 우리 파티에 오는 사람들이 자신들이 공략해야 할 대상층과 부합한다는 것을 간파했다. 던힐은 적극적으로 파티의 스폰서가 되어주었다. 던힐은 그 후 우리 파티뿐 아니라 다른 파티에도 후원을 시작했다. 파티가 담배 회사의 좋은 마케팅 수단이 된 것인데, 그것을 처음 시작한 사람이 우리라는 것을 다른 사람들은 알까? 지금 생각해도 웃음이 나는 추억이다.

한 달에 한 번, 혹은 두 달에 한 번. 파티플래너로 즐겁게 일을 벌이던 내게 새로운 제안이 들어온 것은 파티를 시작한 지 6개월 후의 일이었다. 바로 아우디가 내게 손을 내밀었던 것이다. 여러 가지 고민 끝에 나는 아우디로 가기로 마음을 정했다. 파티플래너 일은 그만두기로 결정했다. 아우디 홍보 담당으로서 브랜드를 키워야 했다. 우리나라에 거의 알려져 있지 않은 브랜드를 키우기 위해 한곳에 집중해야 했다. 나는 친구에게 기회가 되면 스폰서가 되겠다고 말했다.

그 기회는 생각보다 빨리 왔다. 젊은 층을 겨냥한 아우디 스포츠카가 출시를 앞둔 것이다. 젊음과 감성의 상징인 2002년 TT 1세대 모델의 팁트로닉스(자동변속기의 일종)를 론칭하는 것이 내가 아우디와 일하면서 맡은 첫 프로젝트였다.

그런 차를 국내의 보통 신차 발표회처럼 홍보하고 싶지 않았다. 지금까지도 신차 발표회는 으레 호텔에서 하는 것으로 떠올리는 사람들이 많다. 빙글빙글 도는 거치대에 신차가 올라와 있고, 미니스커트를 입은 모델이 차에 기대어 포즈를 취하는 장면. 보기만 해도 당장 달리고 싶은 자유를 상징하는 TT와 고답적인 신차 발표회, 아무리 생각해도 이건 어울리는 조합이 아니었다.

나는 신차 발표회를 파티 형식으로 열겠다는 계획을 세웠다. 친구 J와 벌였던 파티회사 때의 경험과 끼를 십분 발휘할 수 있는 기회가 온 것이다. TT의 느낌을 시각적, 청각적으로 전달해줄 수 있는 그래픽 쇼를 기획했고, 홍콩 최고의 DJ를 섭외해 TT 특유의 젊음과 자유를 파티장에 스며들게 하기로 했다.

일이 너무나 즐거웠다. 하지만 일하지 않을 때는 늘 죽을 만큼 힘들었다. 회사에서는 나를 이해하지 못했다. 신차 발표회를 하는데 아티스트들이 왜 필요한지, 홍콩의 DJ가 왜 필요한지 아무리 설명해도 회사의 임원들 중 상당수는 수긍하지 않았다. 더구나 모든 초청객이 춤출 수 있도록 스탠딩 파티를 한다는 것은 이해조차 못했다.

독일 본사 사람들은 파티 문화에 익숙했고 신차 발표회에서 가장 중요한 것은 차의 콘셉트에 얼마나 맞는가, 타깃 수요층과 통할 수 있는가라는 점을 충분히 잘 알고 있었다. 만일 독일 본사의 지지가 없었다면 내 기획은 실현될 수 없었을 것이다. 나는 본사에서 통과한 기획안을 들고 일을 진행했지만, 회사 내부 인력을 설득하느라 얼마나 기진맥진했는지 모른다. 하지만 파티가 성공적으로 끝난 뒤 효과는 제대로 입증되었다. 세일즈가 늘어난 것은 물론 업계에서 신차 론칭의 파격적 사례로 오래 회자되었다.

나는 날라리였다. 파티 운영비를 위해 겁 없이 프레젠테이션을 하러 다니던 스물여섯 살의 나를 기억하는 사람들은 지금 아우디의 마케팅 총괄이사가 그때의 이연경이라는 것을 상상이나 할까. 다들 깜짝 놀랄지도 모르지. 하지만 나는 아무것도 놀랍지 않다. 매 순간 새로운 것을 즐겁게 흡수할 줄 알았던 그 날라리 기질이 바로 오늘의 나를 만들었으니까.

# 나는 **이제껏** **자동차**를 **팔아본 적**이 없다

마케팅 홍보는 단순히 당장 몇 대의 차를 파는 일이 아니다.
장기적으로 브랜드를 알리고 사람들의 마음을 얻어야 한다.
브랜드란 등대 같은 것이라고 한다.
아우디가 무슨 물건의 브랜드인지도 모르는 사람들에게
그것을 갖고 싶은 열망 혹은 로망을 만드는 것이 내가 하는 일이다.

매년 여름 잘츠부르크는 오페라에 젖는다. 시대를 거스른 듯 한껏 드레스를 차려입은 여인들, 보타이에 격식을 갖춘 정장 차림의 남자들이 오페라 극장을 메운다. 이즈음 잘츠부르크 최고 명성을 자랑하는 자허Sacher 호텔의 객실은 항상 예약이 끝나 있다. 아무리 돈이 많아도 잘츠부르크 페스티벌 시기에는 방을 예약하기가 하늘의 별 따기다.

오페라 공연도 마찬가지다. 오페라 한 편의 티켓이 80만 원 가까이 하지만 이마저도 좋은 좌석에 앉기는 어렵다. 좋은 좌석은 이미 다 예약이 끝났기 때문이다. 하지만 이 콧대 높은 호텔과 오페라 최고의 좌석은 아우디코리아에서 온 VIP 고객을 위해 준비되어 있다. 2006년부터의 일이다.

마케팅의 첫 번째 포인트는 판매 대상을 파악하는 것이다. 5000만 원대 스포츠카를 살 고객과 1억 원이 넘는 세단을 살 고객은 다르다. 마케팅은 그 고객의 라이프스타일을 분석하면서 시작된다. 아우디의 인지도를 올리는 것도, 프레스티지를 인식시키는 것도 이런 구체적인 마케팅 기획에서 이루어져야 한다.

잘츠부르크 페스티벌 투어는 아우디의 고급 세단을 위해 준비한 마케팅의 결과였다. 2006년 새로 론칭한 아우디 고급 세단의 마케팅 플랜을 세우던 중 주요 고객층의 관심사 중에 오페라, 클래식 음악이 있다는 것을 알게 되었다.

'오페라라면 잘츠부르크 페스티벌과 연결시킬 수 있지 않을까?'

오페라라는 키워드를 캐치한 순간 나는 오스트리아의 그 고풍스러운 페스티벌을 떠올렸다. 아우디코리아가 출범한 지 얼마 되지 않았을 때, 나는 본사 초청으로 잘츠부르크 페스티벌에 갈 기회가 있었다. 20대 후반, 아직 클럽과 파티가 더 좋았던 나에게 오페라는 다소 거리감이 있고 지루하게 느껴지는 단어였다. 하지만 오페라의 본고장에서 본 공연과 페스티벌의 분위기는 가히 충격이었다.

유럽에 도도하게 남아 있는 귀족 문화를 목격했다고나 할까. 엄격한 드레스 코드며, 영화에서만 보던 오페라 극장, 오페라를 즐기는 사람들의 모습이 문화적 쇼크였다. 특히 인상적이었던 것은 그곳에 있던 몇몇 일본 사람이었다. 오페라를 즐기는 사람들 가운데 동양인은 그들이 유일했다. 유럽인도 벼르고 별러야 한 편 볼 수 있는 고급 오페라이니 어쩌면 당연한 일인지도 몰랐다. 하지만 일본인도 있는 오페라 극장에 한국인이 없다는 데 은근히 오기가 났다. 하지만 사정을 듣고 보니 이해도 되었다.

잘츠부르크 페스티벌은 일반 대중이 손쉽게 보러 갈 수 있는 축제가 아니다. 1920년 시작된 이래 잘츠부르크 페스티벌은 처음 함께 후원을 시작했던 유럽 소재의 다섯 개 회사 외에 다른 후원사를 받지 않았다. 좋은 자리는 후원사에 구매 우선권이 있고 후원사들이 그 자리를 다 소화하지 못할 경우에 일반인에게 오픈된다. 늘상 그렇지만 좋은 공연은 표를 구하기가 하늘의 별 따기 아니던가. 일반 마켓에 나온 티켓은 프리미엄이 붙어 가격이 천정부지로 올라가곤 한다.

그렇다보니 사정을 모르는 사람들은 값을 비싸게 치르고도 좋은 좌석에 앉을 수 없었다. 잘츠부르크의 유서 깊은 자허 호텔도 마찬가지였다. 잘츠부르크 페스티벌이 시작되었을 당시, 이미 귀족과 유명 정치인, 예술가들에게 잘 알려진 이 호텔도 페스티벌 기간에는 페스티벌 후원사들이 자신들의 고객을 위해 예약을 마쳐놓았다. 후원사를 통하지 않으면 객실을 구경하기 힘든 상황이었던 것이다.

나는 아우디가 이 까다로운 음악 페스티벌의 후원사라는 것을 알고 있었다. 하지만 그것을 마케팅에 이용하게 될 줄은 당시에는 미처 생각도 못했다. 그래서 경험은 언제나 중요하다. 2006년 우리의 VIP 고객층의 라이프스타일에 오페라가 포함되어 있다는 것을 알게 된 다음, 나는 페스티벌 투어를 기획했다.

아우디 본사를 통해 가장 좋은 티켓을 싼값에 확보하고, 자허 호텔의 고급 룸도 예약했다. 20여 명의 오페라 마니아 VIP 고객들은 페스티벌 기간 내내 아우디에서 A8를 제공받는다. 매년 100여 대의 A8 차량이 페스티벌 동안 의전차량으로 쓰이고 있다. 더불어 지역의 고용 발전을 위해 그 지역 대학생들을 파트타임 기사로 고용한다.

아우디코리아 덕분에 유럽인들도 쉽게 경험할 수 없는 최고의 경험을 하고, 아우디에 대한 좋은 이미지를 갖게 하는 것이 마케팅의 핵심이었다. BMW와 벤츠 외에는 고급차로 인식하지 못하던 연령층의 고객들이 아우디의 프레스티지를 인정하기 시작했다. 물론 이 효과는 판매로도 이어졌다.

"어떻게 이런 마케팅이 가능한가?"

아우디 본사에서는 마케팅 홍보 효과를 보고도 믿을 수 없다고 했다. 아우디 본사도 잘츠부르크 페스티벌을 이용해 마케팅을 벌이고 있었다. '아우디 나이트Audi Night'라는 행사가 매년 열리는데 전 세계 VIP 고객들을 초청해 오페라도 즐기고 파티도 즐기는 밤이다. 하지만 개인 돈을 들여 티켓을 사고 일주일씩 묵으며 오페라를 즐기는 고객들은 아우디 전 세계 지사를 통틀어 한국밖에 없다는 것이었다.

사실 아우디 지사가 있는 나라라면 얼마든지 이런 마케팅을 할 수 있다. 아우디 본사는 이러한 아우디가 후원하는 행사를 마케팅으로 활용하는 것에 매우 긍정적이다. 좋은 아이디어가 있고 충분히 준비해서 기획한다면 본사의 지원은 문제없이 이루어진다. 그러나 문화 예술을 즐기는 사람들과 아우디 세단의 구매 고객층이 일치하느냐는 나라마다 다른 문제다.

이러한 마케팅 방법을 보며 어떤 기자가 '핀셋 마케팅'이라는 이름을 붙여주었다. 마케팅 대상을 철저히 분석해 구매 가능성이 높은 잠재 고객들을 핀셋으로 골라내듯 쏙쏙 찾아낸다는 의미다. 가능성이 높은 소수집단을 집중 공략해 입소문이나 추천 형식으로 판매를 확장해가는 방식이다. 마케팅이 홍수를 이루는 요즘 같은 때에 불특정 다수를 대상으로 무차별적으로 유포하는 식의 마케팅으로는 승부를 볼 수 없다. 특히 자동차라는 분야는 더 그렇고, 수입 자동차의 경우는 더 말할 필요도 없을 것이다.

아우디가 아니라도 차는 쉽게 살 수 있는 물건이 아니다. 마케팅은 쉽게 살 수 없는 이유를 아는 것부터 시작된다고 나는 생각한다. 차는 한번 사면 금세 바꿀 수 있는 것이 아니기에 자신의 라이프스타일에 가장 어울리는 것을 찾게 마련이다. 차를 위해 쓸 수 있는 예산도 한정되어 있다.

나는 차의 콘셉트와 가격을 기준으로 마케팅을 시작한다. 차를 구입하기 위한 예산을 5000만~6000만 원으로 정한 사람이 있다면 그들의 라이프스타일에 가장 잘 맞는 차가 어떤 차인지 알려주기 위해 모든 노력을 다한다. 그러기 위해서는 먼저 그들이 어떻게 살고 있으며 무엇을 즐기고 있는지, 그들의 가장 큰 관심사는 무엇인지를 파악해야 한다.

전 세계 상위 5위권의 판매 수치를 보이고 있는 아우디 A6는 내가 심혈을 기울여 마케팅한 차이기도 하다. 6000만~8000만 원대의 A6를 살 사람들은 중상층의 비교적 젊은 고객들이라고 판단했다. 당연히 그 층을 겨냥한 신차 발표회를 열었고, A6가 타깃 수요층의 관심사에서 사라지지 않도록 후속 마케팅도 이어졌다.

그중 하나가 서울에서 가장 핫한 레스토랑에 아우디 메뉴를 만드는 것이었다. 아우디 A6 고객층의 관심사 가운데 하나는 '미식'이었다. 지금은 미식 레스토랑을 찾아다니는 것이 하나의 트렌드가 되었지만, 이것은 2007년 무렵 청담동 근처에서 시작된 유행이었다.

유럽이나 뉴욕 같은 대도시에서는 이미 몇 년 전부터 유명한 셰프가 운영하는 레스토랑에서 식사하는 일이 중요한 사교 수단이었다. 이 흐름이 2007년 무렵 서울에 들어오기 시작한 것이었다. 마침 유럽이나 북미 등 고급 레스토랑에서 셰프로 일하던 요리사들이 청담동 등에 작지만 특색 있는 레스토랑을 만들기 시작했다. 막 대중화되기 시작한 와인 열풍과 함께 식도락 유행이 시작되었다.

핫하다는 레스토랑의 풍경을 분석한 결과는 내 예상과 같았다. 오전 11시경에는 아이를 영어 유치원에 보내고 브런치를 위해 미시 주부들이 모여 있었고, 퇴근 시간이면 맛있는 저녁과 함께 긴장을 풀려는 직장인들로 가득했다. 나는 매년 연말 가장 유명한 다섯 개 레스토랑을 찾아 아우디 세트를 만들어달라고 부탁했다. 이것은 레스토랑 입장에서도 나쁜 제안이 아니었다. 레스토랑도 손익 계산을 하는 사업체이기 때문에 세트 메뉴가 잘 팔리면 좋은 일이었다.

아우디 세트 메뉴를 시킨 손님들에게는 아우디에서 만든 달력을 선물했는데, 이 달력도 아우디코리아가 만들어진 다음 내가 심혈을 기울인 작품 가운데 하나다. 한국의 신진 사진작가들과 작업하여 한 번 보면 갖고 싶어질 만한 퀄리티의 달력을 만들었고, 이를 아우디 세트 메뉴와 결합한 것이다. 또 고객 데이터베이스 수집을 허락한 고객들을 대상으로 추첨을 통해 행운의 선물도 제공했다.

이렇게 타깃 고객의 라이프스타일을 분석하고 그에 맞는 홍보를 하는 것도 중요하지만, 한편으로는 고객을 이끄는 마케팅도 필요하다. 말하자면 그들에게 새로운 문화와 예술을 소개해서 그들이 받아들이고 즐길 수 있도록 도와주는 것이다. 내가 잘하고, 늘 하고 싶은 마케팅이 바로 이런 것이다. 잘츠부르크 페스티벌은 이미 그것을 즐기던 마니아 고객들에게 문화를 더욱더 잘 향유할 수 있도록 도와준 경우였다.

때로는 아직 익숙하지 않은 문화도 소개한다. 나는 특히 유럽의 자동차 문화를 한국의 자동차 애호가들에게 소개하고 싶다. 한국은 자동차 수요가 많은 나라에 속하지만 자동차를 진정 아끼고 즐기는지에 대해선 의문이 있다. 나는 아우디 신차 발표회를 할 때마다 카 발레 Car ballet를 시연한다. 이것은 본사의 신차 발표회 때 보고 한국에도 적용한 것이다.

보통 신차 발표회 행사에서 볼 수 있는 것은 빙글빙글 도는 자동차, 아니면 직선으로 주행하여 관객 앞에 서는 정도다. 하지만 유럽에서는 자동차 레이스에 출전하는 드라이버들이 현란한 기술을 이용해 그야말로 발레하듯 다양한 모션을 그리며 나타나 신차를 세상에 소개한다. 심혈을 기울여 만든 새로운 차를 위한 아름다운 세리머니인 것이다.

처음 한국에서 카 발레를 본 사람들은 입을 다물지 못했다. 내가 알려주고 싶은 것은 자동차가 단순한 탈것이 아니라 하나의 문화라는 것이었다. 드라이빙 스쿨driving school을 연 것도 그런 생각에서였다. 드라이빙 스쿨이란 고객들을 대상으로 기본적인 안전교육부터 교관들의 현란한 레이싱 묘기까지 다양한 드라이빙 경험을 선사하는 행사다.

아우디에서는 정기적으로 드라이빙 스쿨을 여는데 나는 한국에서도 드라이빙 스쿨을 열었다. 본사에는 레이싱 대회에 출전한 경험이 많은 선수들이 은퇴하여 드라이빙 스쿨의 교관으로 일하고 있다. 때로는 현직 레이싱 선수를 초청하기도 하는데, 그들의 인기는 할리우드의 톱스타 못지않다. 내가 한국에 초대했던 딘도 카펠로Dindo Capello는 레이싱 선수로서 유럽에서 그의 인기는 그야말로 슈퍼스타급이다. 한국의 자동차 애호가들에게도 그는 신화적인 인물이어서 드라이빙 스쿨의 열기가 무척이나 뜨거웠다.

마케팅 홍보는 직접적으로 차를 파는 세일즈와는 다르다. 단순히 당장 몇 대의 차를 파는 일이 아니라 장기적으로 브랜드를 알리고 사람들의 마음을 얻어야 한다. 브랜드란 '등대' 같은 것이라고 필립스의 최고디자인책임자CDO인 스테파노 마르차노Stefano Marzano는 말했다. 멀리서도 보고 찾아올 수 있게 하는 것이 브랜드의 힘이라는 의미일 것이다.

아우디가 무슨 물건의 브랜드인지도 모르는 사람들에게 그것을 갖고 싶은 열망 혹은 로망을 만드는 것이 내가 하는 일이다. 사람의 마음을 움직이려면 그들을 잘 알아야 한다. 그들의 라이프스타일에 동화되고 그들의 삶에 자리매김하도록 해야 한다. 문화와 감동을 선사하는 일, 그것이 내가 아우디에서 하는 일이다.

# 혹독한 **실패,**
# **그것이 남긴** 것을
# 꼭꼭 씹어 **삼키다**

전부 내 책임이라는 생각을 받아들이는 데 죽을 만큼
애를 써야 했다. 모든 변명을 덮는 것이 너무나 힘들었다.
실패가 싫어서 더더욱 완벽주의자가 되지만,
실수나 실패는 사람이 할 수 있는 범위를 넘어선다고 느낄 때가 있다.
그럴 때는 제대로 받아들일 줄 아는 마음이 필요하다.
인정하지 못하면 수습할 수 없다.

2008년 11월 14일, 아침 신문을 들추는 것이 두려웠다. 컴퓨터를 켜는 것도 마찬가지였다. 그날 새벽까지 행사장에서 사고 수습을 하느라 밤을 꼬박 새웠다. 온몸이 피곤해 쓰러질 것 같은데도 예민하게 날이 선 감각은 느슨해질 줄 몰랐다. 집에서 출근 준비를 하는데 신문이 배달됐다.

'아우디 신차 행사장 사고, 연예인 등 일부 부상자 생겨'

다른 신문을 펼쳐봐도 비슷한 내용이었다. 아우디코리아에서 일하기 시작한 뒤 겪은 가장 큰 사고였다. 결코 내가 할 것 같지 않았던 실수를 하고 말았다. 출근하기 위해 구두를 꺼내 신었다. 또각또각 소리에 맞춰 나는 마음을 가다듬기 시작했다.

사회생활을 하다보면 누구나 크고 작은 어려움에 봉착하게 된다. 그중 정말 견디기 힘든 어려움이 아마 '실패'일 것이다. 완벽할 것이라 믿었고, 실패란 있을 수 없다고 자부했던 뉴 A4의 신차 발표회는 그래서 더욱더 힘든 경험이었다.

'아이라인'은 뉴 A4 헤드라이트 LED 램프의 별명이다. 눈에 아이라인을 그린 것 같은 디자인 때문에 붙은 이름이다. 차에 별명이 붙을 정도로 멋진 디자인, 4000만 원대의 가격, 젊은 층이 좋아할 만한 차라는 판단이 들었다. 당연히 신차 발표회도 이들에게 맞춰서 해야겠다고 생각했다. 일부러 관객을 모으지 않아도 사람들이 몰려들 신차 발표회를 열겠다고 마음먹었다. 내게 나름 오랫동안 품고 있었던 복안이 하나 있었다.

언젠가 아우디 본사에 출장을 갔을 때 눈에 띄는 행사가 있었다. 아우디 영국과 러시아 신차 발표회 때 자미로콰이Jamiroquai가 와서 공연을 했던 것이다. 1992년 결성된 애시드 재즈 밴드인 자미로콰이는 내가 학창 시절부터 열렬히 좋아한 밴드였다. 오래도록 그들의 내한 공연을 기다렸는데, 단 한 번도 한국에서는 볼 수가 없었다.

나중에 그쪽 업계에 물어보니, 그들의 개런티가 너무 비싸서 우리나라에서는 타산을 맞출 수가 없다고 했다. 우리나라의 가장 큰 공연장이라 해봐야 올림픽공원에 있는 1만 5000석 규모의 체조경기장이 전부이니, 티켓 값을 아무리 비싸게 책정해도 한 번 공연을 열기도 힘들었던 것이다.

하지만 그런 사정을 알기 전, 나는 이미 자미로콰이를 초청하겠다는 결심을 하고 있었다. 그리고 뉴 A4 신차 출시 시점이 가장 적합한 때라고 믿었다. 나는 영국 아우디 지사의 담당자에게 자미로콰이와 닿을 수 있는 연락처를 부탁했지만, 영국 담당자는 그조차 쉽게 알려주지 않았다. 한국이 그들의 공연을 열 수 있는 곳인지 의구심을 갖고 있었던 것이다. 만일 약속을 했다가 공연을 열지 못하면 우리를 소개해준 영국 지사도 자미로콰이에게 미안한 일이 될 테니 이해할 수는 있었지만, 연결조차 성사되지 않는 상황에 오기가 났다.

나는 개런티 비용을 상쇄할 만한 방법을 찾다가 공연업계의 최고 실력자라 할 수 있는 A 커뮤니케이션의 대표를 만나게 되었다. 1992년 뉴키즈온더블록의 한국 공연을 성사시킨 것으로 유명한 그분은 자미로콰이의 공연을 한국에서 여는 것이 꿈이었다면서 해결책을 제시했다. 하루는 아우디 행사로 진행하고, 다른 하루는 일반 공연으로 열어 개런티 문제를 해결하자고 했다.

공연업계의 실력자도 데려오기 힘들었던 아티스트를 한국으로 초청할 수 있다는 데 나는 무척이나 흥분했다. 자미로콰이의 방한 소식은 음악계와 연예계에 가장 먼저 퍼져나갔다. 자미로콰이의 팬이라는 점에서 그들과 나의 마음이 같았던 것이다. 자미로콰이는 아우디와 돈독한 관계였기 때문에 계약 문제는 일사천리로 진행되었다. 문제는 한국이었다.

도대체 공연장이 없는 것이었다. 그나마 규모가 큰 코엑스에 갔더니 스탠딩 공연을 허락할 수 없다고 했다. 하지만 자미로콰이의 공연을 의자에 앉아서 볼 수는 없지 않은가? 여러 방법으로 코엑스를 설득했지만 결국은 실패했다. 우리는 잠실 올림픽공원의 경기장으로 공연장을 정했다.

어렵게 공연장을 정했지만 역시 좁은 면적이 문제였다. 신차 발표회가 없다면 보통 공연장처럼 진행할 수 있겠지만, 첫날 공연에서는 뉴 A4의 신차 발표회를 해야 했다. 그날은 신차 발표회 처음으로 카 발레도 선사할 예정이었다. 카 발레를 위한 전문 드라이버들도 본사에서 온 상황, 무대 앞에 신차 발표회를 위한 공간을 따로 만들어야 했다. 그렇게 하고 보니 VIP 좌석 공간이 부족했다. 자미로콰이의 사상 첫 내한공연, 그동안 온다 안 온다 말이 많았던 이 밴드가 진짜로 온다는 소식을 듣고 행사장에 잘 모습을 드러내지 않는 연예인과 음악인들까지 공연에 오고 싶다는 연락이 쏟아졌다. 평소보다 VIP가 많은 상황이었다.

고민하던 대행사는 관객석의 경사진 곳을 막아 VIP라운지를 만들기로 했다. 그렇게 하면 VIP석도 해결되고 신차 발표회도 무리 없이 진행될 것 같았다. 모든 준비가 끝나고, 신차 발표회 당일이 되었다. 기자만 150명이 공연장을 찾았다. 신차 발표회로서는 유례없는 숫자였다. 사람들은 공연에 앞서 펼쳐진 카 발레에 탄성을 지르며 뉴 A4에 관심을 보였다.

신차들이 카 발레를 끝내고 무대 뒤편으로 들어가고, 드디어 공연이 시작될 즈음 갑자기 어디선가 '우르릉 쾅쾅' 하는 소리가 났다. 내

기억에 샴페인 병이 연이어 터지는 소리 같기도 했다. 순간 나는 멍하니 서서 VIP 좌석이 가운데로 무너지는 광경을 보고 있었다. 내가 있는 곳이 아래로 무너져내리는 것을 느끼자마자 나는 몇 초 정도 기절해 있었다. 그리고 정신이 들었을 때 내 눈에 들어온 광경은 그야말로 아수라장이었다.

내 바로 위에 최고의 여배우 K가 매달려 있었고, 많은 VIP 고객들이 무너진 구덩이에서 빠져나오는 중이었다. 나는 K를 먼저 구해달라고 소리치고는 또다시 멍해졌다. 아마 1초도 안 되는 시간이었을 것이다. 지금 벌어진 상황을 이해할 시간이 필요했다.

'아, 이렇게 아우디하고는 안녕이구나.'

상황을 이해하자마자 든 생각이었다. 무너진 구덩이에서 빠져나오기까지 시간이 좀 걸렸다. 밖에서는 기자들이 사진을 찍고, 일반 관객들이 웅성거리고 있었다. 대행사 직원들이 기자들을 저지하는 가운데 나는 시설물을 설치했던 대행사 대표를 찾았다. 하지만 그는 찰과상을 입은 외국 대사 부인과 함께 병원으로 가버린 뒤였다. 모든 상황을 온전히 내가 해결해야 했다. 순간 별별 생각이 다 들었다.

'이 구조물을 만들자고 한 것은 내가 아니야.' '대행사 대표가 이 자리에 없으면 어쩌라는 거야?' '나는 이렇게 허술할지 몰랐어.' 그건 온갖 변명이었다. 정신이 번쩍 들었다. 이 상황을 수습해야 할 사람은 나밖에 없다. 그런데 정작 나는 변명만 생각하고 있다니……

'그만둘 때 그만두더라도 제대로 해결하고 그만두어야 해. 누가 제안했든, 누가 잘못했든 최고 결정자는 나야. 전부 내 책임이야.'

전부 내 책임, 이 생각을 받아들이는 데 죽을 만큼 애를 써야 했다. 모든 변명을 덮는 것이 너무나 힘들었다. 하지만 결국 나는 받아들였다. 내일 아침 사표를 쓰더라도 이 아수라장은 정리를 해야 했다.

그런데 이후 예정된 공연을 어찌해야 할지 판단이 서지 않았다. 그때 액세스의 사장님이 내 어깨를 잡고 말했다. 자미로콰이는 지금 상황을 모르고 일반 관객석에는 아무 피해가 없으니 그대로 공연을 해야 한다고. 그의 말이 맞았다. 천만다행으로 VIP 중에 크게 다친 사람은 없었다. 그리고 VIP라운지에서 멀리 떨어진 곳에서는 이런 사고가 벌어졌는지 눈치를 못 챈 사람들도 있었다. VIP들이 대기실로 돌아가고, 공연은 예정대로 시작되었다.

그토록 고대하던 자미로콰이의 한국 공연을 나는 보지 못했다. 그렇게 좋아하던 음악이 하나도 들리지 않고, 대기실 뒤에서 다치거나 놀란 사람들에게 고개 숙여 사과를 하고 있었다. 특히 얼굴과 몸이 생명인 배우나 가수 같은 연예인들을 일일이 살폈다. 다행히 크게 다친 이들이 없었고 모두 나의 사과를 받아주었다. 그때의 고마움은 지금까지 잊을 수가 없다. 그들 대부분이 공연을 즐기지 못한 채 집으로 돌아갔다. 마음 같아서는 나도 돌아가 쉬고 싶었다. 모든 걸 잊고 싶었다. 하지만 나에게는 지금부터가 시작이었다.

공연이 끝나기만을 기다려 직원들과 함께 새벽 2시까지 무너진

VIP라운지를 정리했다. 떨어진 핸드백, 소지품, 액세서리 등을 다 정리하고 VIP들에게 일일이 전화를 걸어 잃어버린 것이 있는지 확인했다. 공연장에서 찾은 것은 돌려주고, 찾지 못한 것은 똑같은 것으로 사서 돌려주겠다고 했다.

무너진 라운지를 다 정리한 뒤, 아침에 출근하는 길이 지옥 같았다. 사무실에 도착하자 몇몇 싸늘한 시선이 느껴지기도 했다. 나는 굳건히 사장님 방으로 들어가 여태까지 수습한 내용, 수습해야 할 내용, 본사에 보고할 내용 등에 대해 담담하게 보고했다.

그런데 이상한 일이 벌어졌다. 나에게는 큰 사고였는데, 딜러사들로부터 전화가 빗발치는 것이었다. 뉴 A4에 대한 문의가 폭주하고 있다는 것이었다. 인터넷에는 자미로콰이가 실시간 검색어에 뜨기도 했다. 도대체 그 밴드가 누구이기에 그 많은 스타가 한자리에 모였는지 궁금해한다는 것이었다. 그리고 그 대단한 해외 스타가 외국 브랜드 차의 신차 발표회에 초청된 것이라는 내용까지 퍼졌다. 뉴스 프라임 시간대에 아우디 뉴 A4가 그대로 노출되기도 했다.

정작 담당자인 나는 사고를 수습하느라 몰랐던 일들을 지방의 딜러사들에게서 들을 수 있었다. 한마디로 광고 효과가 최고였다는 말이었다. 결과적으로 뉴 A4의 판매는 성공적이었다. 본사에서는 전적으로 내가 책임을 지는 것이 아닌 안전 시스템에 관한 매뉴얼을 강화하는 방식으로 이번 사안을 일단락지었다. 딜러사 사장님들은 '대박'이라는 말로 나를 위로하기도 했다.

내게는 뼈아픈 실패였다. 그때부터 나는 더더욱 사소한 것도 놓치

그날의 자미로콰이 공연 모습이다.
이제는 시간이 꽤 흘러 흐릿해질 만도 한 기억인데,
아직도 그때를 생각하면 심장이 떨린다.
눈물과 환희를 동시에 선물해준 그날의 파트너, 자미로콰이를
내가 평생 어떻게 잊을 수 있을까.

지 않으려 노력한다. 실패를 겪으면서 나는 왜 많은 결정권자들이 비겁해지는지 깨달았다. 실패를 인정하는 것이 얼마나 힘든지 알았다.

'내가 실패하다니…… 내가 얼마나 열심히 했는데……'

이런 마음 때문에 실패가 용납이 안 되는 것이다. 하지만 인정하지 못하면 수습도 할 수 없다. 마음으로 용납이 안 될 때는 말로라도 인정해야 한다는 것을 그때 배웠다. 결정권자는 괜히 그 자리에 있는 것이 아니다. 설사 라운지를 만들 때 내가 못질한 게 아니라 하더라도 결국 책임을 져야 할 사람은 나다.

실패가 싫어서 더더욱 완벽주의자가 되지만, 실수나 실패는 사람이 할 수 있는 범위를 넘어선다고 느낄 때가 있다. 그럴 때는 제대로 받아들일 줄 아는 마음이 필요하다. 결과는 중요하지 않다. 내가 책임을 맡은 그 일을 해결하는 것, 실수를 처리하는 것 또한 내 몫이다. 무언가 새로운 것을 시도하고자 하는 사람이라면 누구라도 기꺼이 '실패수업'을 자청하길 진심으로 바란다. 그것은 그럴 만한 가치가 있다.

# **미모**보다는 **캐릭터가** 힘이 **세다**

인간도 동물인지라 본능적으로 강자와 약자를 감지한다.
이럴 때 눈높이는 누가 강자인지, 약자인지 결정하는 중요한 조건이다.
눈높이가 같거나 높을 경우
남자들이 내게 좀 더 부드러워지는 느낌을 나는 여러 번 받았다.

'미모를 겸비한 젊은 여성 이사'

가끔 매체에 나에 대한 기사가 나올 때, 이런 유의 말을 자주 볼 수 있었다. 사람들의 흥미를 끌기 위해 기사 제목을 뽑다보면 그럴 수 있겠지만, 자동차 업계에서 남자들과 매일 전쟁을 치르는 심정으로 일했던 내게는 그다지 마음에 드는 말은 아니다.

예쁘다는 말, 외모가 좋다는 말을 듣기 싫어하는 여자가 있을까? 내가 만일 자동차 업계에서 일하지 않았다면 나도 외모에 대한 칭찬을 즐겼을 것이다. 하지만 남자들과 함께 일하고 때로는 경쟁하는 구도 속에서 외모는 거의 언제나 나쁜 의미로 언급되었다.

"외모 덕 본 거 아니야?"

"본사 누구에게 예쁘게 보인 거 같은데?"

개인적으로 나는 나의 외모에 대해 특별히 예쁘다거나 못생겼다고 생각한 적이 없다. 그런데 이곳에 오니 나는 '눈에 띄는 외모'로 각종 루머의 주인공이 되어야 했다. 처음에는 화가 나다가, 나중에는 무시하다가, 정말 화가 나는 루머를 들을 때는 당사자를 찾아가기도 했다. 루머는 진위야 어쨌든 그 주인공을 소모시킨다는 점에서는 치명적이다.

굳이 외모에 대해 이야기하면, 나는 태생적으로 예쁜 것이 아니라 스타일링에 관심이 많다는 말로 대신한다. 평범에 가까운 나의 외모가 빛나 보인다면 그건 패션에 대한 내 지속적인 관심과 노력 때문일 것이다. 어릴 때부터 예쁜 옷과 멋진 스타일, 패션에 관심이 많았는데, 중학교 때 일본에 잠깐 홈스테이를 다녀오면서 큰 전환기를 맞이했다. 그전까지는 누군가의 것을 모방하거나, 국내에 들어와 있는 몇 가지 스타일에만 치중되어 있던 눈이 도쿄 하라주쿠에서 번쩍 뜨였다.

'여기서 내가 제일 촌스러워!'

중학생 여자아이에게 자신이 가장 옷을 못 입었다는 자각은 정말 일생일대의 충격적 사건이다. 길거리에서 공연하는 밴드, 그들에게 환호하는 사람들의 독특한 패션들을 놓치지 않고 모두 보았다. 그때부터 나는 옷과 스타일에 대해 계속 시도하고 관심을 놓지 않았다. 우리나라 패션지는 물론 일본 패션 잡지도 열심히 보았다. 고등학교 때는 혼자서 용돈을 모아 어른이 다 된 양 트렌치코트나 정장을 사 입기도 했다. 대학생이 되어서는 아르바이트로 비싼 수입 브랜드 옷을 하나씩 장만하고, 나이트클럽에서는 방학을 맞아 한국에 들어온 유학생들의 옷도 훔쳐보았다.

내 스타일 감각이 또 한 번 발전한 시기는 대학교 때 방송국 경험을 하던 10개월이었다. 아무래도 연예인과 스타일리스트들을 곁에서 만나게 되면서 어깨너머로 옷 입는 법도 배우고, 때로는 친한 코디네이터 언니들에게 조언도 들을 수 있었다. 동대문 평화시장에 가면 보물 같은 아이템을 얻을 수 있다는 것도 코디네이터 언니들을 따라다니며 알게 된 정보였다.

두 번째 직장이던 외국계 홍보 회사에서는 패션 기자들이며 스타일리스트들과 더욱 자주 만나게 되었고, 그들과 대화하는 것 자체가 패션 공부였다. 그런 경험이 쌓이면서 나는 자연스레 나의 스타일을 찾아가게 되었다.

뭐니 뭐니 해도 내 평생을 통틀어 스타일에 큰 변환을 갖게 된 계기는 바로 아우디 때문이었다. 아우디코리아의 전신인 G사에서 면접을 마친 뒤, 아우디에 갈 것인지를 고민하던 시기에 나는 머리를 짧게 잘라도 괜찮을 것 같다는 말을 들었다. 패션과 트렌드에 관심이 많더라도 헤어스타일만큼은 보수적인 것이 여성들이다. 나 역시 긴 머리에서 단발로, 단발에서 긴 머리로 살짝살짝 변화는 주었지만 숏커트는 생각해본 적도 없었다. 하지만 아우디에 발을 들여놓기로 결심했을 때, 나는 머리를 싹둑 잘랐다. 사내아이나 할 법한 목이 다 드러나는 헤어스타일. 2001년 숏커트를 한 여성이 보기 힘들던 시절, 지인들은 놀라워했지만 잘 어울린다고 말해주었다. 나도 가볍고 전투적인 머리 모양이 마음에 들었다.

나는 스타일을 완전히 바꾸기로 마음먹었다. 헤어스타일을 바꾸고 좀 더 강해 보이기 위해 태닝까지 했다. 좋아하기는 했지만 이전 직장까지는 하나의 패션에 불과하던 아이템인 재킷을 적극적으로 활용하기 시작했다.

재킷을 입으면 몸에 힘이 붙는 느낌이었다. 중요한 일이 있을 때는 마치 갑옷처럼 느껴졌다. 한두 벌 가지고 있던 재킷이 아우디에서 일하는 10년 동안 몇십 벌로 늘어났다. 대부분 검정, 갈색, 짙은 회색 등 어두운 계열이었다. 하나같이 어깨와 칼라에 각이 잡혀 완전히 남자 옷처럼 느껴졌다. 하지만 허리 부분이 들어가면서 지퍼나 버튼 등 디테일에서 여성스러움을 드러내기도 하는 각각 개성 있는 옷들이었다.

재킷 외에 슈트도 내가 즐기는 패션 아이템이 되었다. 와이셔츠도 종류별로 마련했고, 와이셔츠에는 커프스 버튼을 채웠다. 슈트에는 포켓 장식도 빠뜨리지 않아 완전히 남자 옷과 다름없었다. 왜 남자 스타일의 옷을 입느냐고 묻는다면 나는 이렇게 말하고 싶다. 이 남자 스타일의 옷을 여자가 입을 때 보이는 느낌이 묘하게 다르다고. 아직 패션에 남녀의 경계가 뚜렷했던 2000년대 초반 내 스타일은 다른 사람의 시선을 끌 수밖에 없었다. 강한 여성스러움이라고 할까, 아무튼 흔치 않았다. 길을 지나가면 세 명 중 한 명은 뒤돌아보았던 것 같다.

또 한 가지 내가 좋아하는 패션 아이템은 하이힐이었다. 10센티미터나 12센티미터 정도의 거의 킬힐이라 불리는 이 구두들이 나는 좋았다. 이것도 강해 보이고 싶은 마음 때문에 끌렸는지 몰랐다. 여자로서 작은 키가 아닌 나는 높은 힐을 신으면 웬만한 남자들과 같은 눈높이로 이야기할 수 있다. 때에 따라서는 내려다볼 수도 있었다.

경험적으로 나는 의사결정을 할 때 미묘한 기운이 대세를 바꿔놓는다고 생각한다. 인간도 동물인지라 본능적으로 강자와 약자를 감지한다. 이럴 때 눈높이는 강자와 약자를 가르는 중요한 조건이다. 눈높이가 같거나 높을 경우 남자들이 내게 좀 더 부드러워지는 느낌을 나는 여러 번 받았다.

지금 나는 숏커트가 아니다. 10년 동안 고수하던 스타일에서 이제 조금씩 벗어나고 있다. 정확하게 설명할 수는 없지만, 내가 좀 더 편안해지고 있는 것이 아닌가 생각한다. 어쩌면 내 위치의 변화와도 관련이 있을 것이다. 어떻게 하면 더 세어 보일까, 처음 만나는 이들을 압도할 만큼 강렬한 이미지를 심어주고 싶어 했던 그 시절의 나를 지나 이제 예전보다 자연스럽고 여성스러운 모습으로 일하고 있다.

외모는 삶에서 빠뜨릴 수 없는 요소라고 생각한다. 많은 여성들이 예뻐지려고 노력하는 20대와 30대 초반에 나는 어떻게 하면 세어 보일까를 연구하며 살았다. 하지만 예뻐지려고 하든 세어 보이려고 하든, 중요한 것은 자신의 이미지에 대한 장악이라고 생각한다. 한마디로 스타일로 보여주는 캐릭터를 포기하지 말라는 것이다.

언젠가 텔레비전 다큐멘터리에서 어린 표범이 처음으로 사냥하는 장면을 보았다. 엄마 표범은 멀찌감치 떨어져 자신의 새끼가 첫 사냥을 어떻게 하는지 지켜볼 뿐이었다. 아무 도움도 없이 먹이를 구해야 하는 어린 표범은 몇 번이나 헛발질을 했다. 하지만 그 실패를 통해 사냥의 노하우를 배우는 것 같았다. 그리고 첫 사냥에 성공했다. 성공했을 때 그 어린 표범은 사냥감을 대하는 자세가 이전과는 달랐다. 흔들리지 않는 눈빛으로 사냥감을 지그시 노려보며 우선 기선 제압을 하는 것이었다.

기선 제압, 내가 왜 그토록 세어 보이려고 했는지 답이 나오는 느낌이었다. 중요한 것은 외모가 아니라 캐릭터다. 내가 갖고 있는 외모가 아니라 내가 회사에 보여주고 싶은 나라는 사람의 이미지가 관건이다.

사실 다양한 상황을 수없이 겪고 나니 이제는 딱 말 한마디로 상황을 종결할 수 있는 지점을 본능적으로 느낀다. 사안에 대해 잘 모르는 경우라 할지라도 상대방에게 휘둘리지 않을 수 있는 기술이라고 할 수도 있겠다. 하지만 경험이 많지 않을 때, 자신이 할 수 있는 최선은 '이미지와 애티튜드attitude'다. 보이고 싶은 이미지로 자신을 스타일링하고, 표정이나 눈빛에 확신을 담아 상대방에게 보내야 한다.

그런데 그 자신감의 바탕에는 능력이 있어야 한다. 외모만 보기 좋은 경우를 사람들은 감쪽같이 알아챈다. 우리는 금세 바닥이 드러날 자신감을 허세라고 부르지 능력이라고 생각하지 않는다. 보이는 이미지를 진짜로 만들려고 애써야 한다. 겉으로 보이는 이미지와 능력으로 증명하는 바가 하나가 될 때에만 시너지 효과가 날 것이다. 반대의 경우라면 우스운 꼴만 당하기 십상이다.

G사에 있던 초기부터 아우디코리아가 설립되고 몇 년까지, 1년에 반 이상은 유럽 출장이었다. 가끔은 내가 승무원인지 마케터인지 헷갈릴 정도였다. 나는 출장 일정이 잡히면 일주일 전부터 마늘을 일절 입에 대지 않았다. 아니, 사실상 한식 자체를 먹지 않았다. 우리 음식 중에는 마늘이 안 들어가는 음식이 거의 없기 때문이다.

유럽 출장 가서 만나는 사람들이 속으로라도 '동양에서 온 이 여자'에게서 마늘 냄새가 난다고 생각하는 것을 막고 싶었다. 유럽인들에게서 우리가 치즈 냄새를 맡는 것처럼, 우리가 하루 이틀 마늘을 먹지 않는다 해도 그들은 그 냄새를 감지한다. 한국이라는 아시아의 작은 나라에서 온, 본사에서 보면 지사의 일원에 불과한 나. 그들에게 완벽한 이미지를 주기 위해 나는 일주일 전부터 준비한다.

남자든 여자든 자신의 스타일을 가져야 하고 어느 시점에는 완성해야 한다고 생각한다. 나는 매일 아침 드레스룸에서 나를 다시 만든다. 나 이연경에서 아우디코리아 이연경 이사로 변신하는 마음으로 옷을 고르고 신발을 꺼낸다. 회사는 편안한 곳이 아니다. 무대에 오르듯 매일 다시 드레스업해야 하는 곳이다.

## **마트료시카** 인형처럼 열고 **열어도,** **좋아질** 것은 **또** 있다

쇠락의 징후는 전성기 때 이미 있었다고 생각한다.
전성기 때, 더 이상 나은 것을 찾을 수 없다고 자만할 때
모든 것은 쇠퇴하기 마련이다. 사람도 조직도 마찬가지다.
뭔가를 성취했을 때, 뭔가 잘되고 있을 때,
더 나아갈 블루오션을 찾아야 한다.

"디자이너 선생님, 여기 넥타이에 줄무늬 하나보다 두 개가 어떨까요?"

전국의 아우디 딜러사 영업사원들은 같은 넥타이를 매고 있다. 대부분 남자 직원들인 그들이 바로 고객이 아우디를 만나는 첫 얼굴이다. 그리고 넥타이는 남자에게 중요한 패션 아이템이다. 모자이크처럼 하나하나의 작은 점이 모여 큰 이미지를 만들듯, 나는 한 사람 한 사람의 영업사원의 인상이 중요하다고 생각했다. 아우디만의 넥타이를 만들기 시작한 것은 아우디 브랜드 이미지에 대한 사소한 디테일이면서도 아우디의 고급스러움을 완성하기 위한 전략이었다.

그간 아우디코리아의 행사가 워낙 유명세를 치르다보니 사람들 중에는 나를 외부 행사에 치중하는 마케터라고 생각하는 경향이 있었다. 하지만 홍보 마케팅이란 언제나 케이스 바이 케이스다. 내가 만일 국내차의 마케터였다면, 일본차의 마케터였다면, 프랑스차의 마케터였다면, 미국차의 마케터였다면……? 만일 다른 브랜드를 맡았다면 나는 또 다른 방식으로 일했을 것이다.

2004년부터 아우디의 브랜드 이미지는 급격히 성장했고, 2000년대 후반이 되자 전처럼 브랜드를 알리는 것 말고도 다른 부분에 눈을 돌리기 시작했다. 회사의 성장에 따라 내가 할 수 있는 일의 범위가 많아졌던 것이다. 권한이 커지고 자신이 사용할 수 있는 예산이 많아졌을 때 중요한 것은 힘이 아니라 일이다. 그동안 하고 싶었는데 내게 결정권이 없어서 못했던 일, 너무나 아쉬웠던 일이 있었다. 기회가 오기만을 바라고 고대했던 일을 시작할 차례였다.

명품이 명품인 이유는 여럿이겠지만, 세심한 곳까지 완벽하기 때문이라는 것도 큰 이유라고 생각한다. 한국의 아우디를 생각할 때마다 나 혼자 아슬아슬함을 느꼈던 것은 바로 이런 점 때문이었다. 아우디는 말할 나위 없는 명차지만, 한국 시장에서 아우디라는 브랜드를 진정한 명품으로 마케팅하기 위해서는 아우디코리아 조직은 물론 딜러사의 영업사원들까지 완벽해야 한다고 생각했다.

다른 회사의 조직, 다른 회사의 영업사원들과 똑같은 구조, 똑같은 마음으로 일해서는 언젠가 아우디의 완벽함과 어긋나게 될 것이라고 우려했다. 그래서 아우디코리아가 성장하고, 나도 함께 성장하면

은색(silver)은 진보(Progress)를
상징하는 아우디의 대표색이기도 하다.
솔리드 패턴, 스트라이프 패턴 두 가지로 제작된
아우디 넥타이는 전국 수십 개 아우디 쇼룸에서
영업사원들과 함께 고객들을 직접 만나고 있다.

서 가장 먼저 내부를 돌아보기 시작했다. 넥타이는 가장 쉽게 시작할 수 있는 아이템 중 하나였다.

넥타이와 함께 비교적 쉽게 시작할 수 있는 아이템을 찾다가 나는 매거진을 생각했다. 독일 본사에서 독일어와 영어로 내는 아우디만의 잡지가 있었고, 글로벌 지사 중에서도 아우디 매거진을 내는 곳과 그렇지 않은 곳이 있었다. 매거진은 예산이 필요한 사업이기 때문에 필수가 아닌 권장사항이었다. 마케팅 부서의 예산이 빠듯했지만 매거진을 시작하기로 했다.

자동차 전문 브랜드로서 자동차에 대한 잡지가 있다는 것은 아우디 브랜드를 알리는 데는 물론, 직원 교육에도 좋은 일이라고 판단했던 것이다. 하지만 본사의 잡지는 성에 차지 않았다. 얇고 딱딱하고, 다소 지루했다. 한국에서 잡지를 낸다면 좀더 흥미를 끌 만한 재미 요소가 필요했다.

본사에서 싣도록 요구하는 기사 외에 나는 잡지를 다시 구성하기 시작했다. '차가 있으면 갈 곳이 있어야 하잖아. 아우디 차랑 어울리는 여행지가 없을까?' '아우디를 타는 남자들에게 필요한 기사가 없을까? 제대로 슈트 입는 법?' 평생 슈트를 입고 살지만 정작 멋지게 소화하는 사람은 보기 드문 우리나라 남자들. 그들이 따로 패션 잡지를 읽지 않아도, 남자의 잡지인 자동차 잡지를 보면서도 패션 센스를 키울 수 있는 패션 칼럼을 기획했다.

'여자들에겐 너무 재미없는 잡지잖아.' 기계 이야기만 잔뜩 있는 잡지를 좋아할 여자는 없다. 하지만 잡지가 집 안에서 얼마나 오래 간

직되느냐는 여자의 손에 달려 있다. '흔들림 없는 눈빛 이정재' '순수하거나 터프하거나 박지성' '기대를 품게 만드는 배우 장근석'…… 기본적으로 아우디 팬인 셀러브리티들의 인터뷰를 싣기 시작했다. 잡지의 두께가 두꺼워지니 편집도 신경 쓰였다. 인력도 없었지만 내부에서 할 수 있는 일이 아니었다. 나는 잡지만을 전문적으로 발행하는 곳과 계약을 맺고 잡지를 만들었다. 잡지의 질이 좋아지고 인쇄부수가 많아지니까 예산이 늘어나기 시작했다. 나는 잡지 회사의 영업부에 부탁을 넣었다.

"광고 잡아주세요."

"네?"

"아우디와 어울릴 만한 브랜드 중심으로요."

"그게 될까요?"

"왜 안 돼요? 우리 잡지 발행부수가 얼만데요. 웬만한 잡지 부수 못지않아요. 게다가 타깃 고객층에게 직접 배달되잖아요. 반송률도 거의 없고요."

잡지의 질이 높아지면서 간혹 잘못된 주소로 잡지가 가도 반송되지 않는 경우가 많았다. 초판 부수도 3만 부에서 점차 늘어 5만 부, 그리고 그 이상. 이들 주소록은 아우디 마케팅의 기본 자료가 되기도 했다. 하지만 쉽게 광고가 붙지는 않았다.

시간이 흘러 정확히는 아우디의 인지도가 가파르게 상승하기 시작하면서 유료 광고가 들어오기 시작했다. 잡지를 만드는 데 큰 힘이 되는 영업 실적이었다. 아우디 매거진을 위한 주소 업데이트도 순조로웠다. 매거진을 통해 아우디의 매력에 빠진 사람들이 영업처에 왔을 때, 차량 계약률은 그렇지 않은 경우보다 훨씬 크다. 마치 스타의 공항 패션이었던 옷이 별다른 설명 없이도 잘 팔리는 것과 비슷한 것이다.

최근 내가 내부 마케팅으로 야심차게 준비한 것은 아이패드용 앱 application이었다. 아직 한국에 아이패드가 출시되기 전이었는데 미국에서 시장에 풀리자마자 구입해왔다. 그에 대한 정보를 얻었을 때 내 머리에는 두 가지 이미지가 떠올랐다. 하나는 잡지, 또 하나는 영업 툴. 아이패드는 마치 이 두 가지를 위해 태어난 기계처럼 두 용도에 딱 알맞았다.

회의에서 나는 영업사원을 위한 아이패드 앱을 개발하겠다고 발표했다. 아직 아이패드가 무엇인지도 모르던 때, 다른 부서에서는 그것이 무엇인지 자세히 묻지도 않았다. 나도 예산 협조를 부탁하지 않았다. 눈으로 보기 전에는 설명하기가 쉽지 않은 물건이었고, 쓸 사람들은 일선의 영업사원들이지만 이것도 마케팅의 일종이라고 생각했던 것이다.

나는 영업사원들이 차를 팔 때 무엇에 신경을 쓰는지, 고객들은 무엇을 질문하는지, 영업사원들이 가장 어려워하는 점이 무엇인지 등을 자세히 조사했다. 그리고 영업사원들의 어려움을 도와줄 앱을 만들 회사를 찾았다. 하지만 아직 한국에 알려지기 전이라 회사를 찾기가 쉽지 않았다. 우리 팀은 어렵게 찾은 앱 개발 회사와 함께 국내 최초로 자동차 영업사원용 앱을 만들었다. 장장 6개월에 걸친 대작업이었다.

아이패드가 한국에 들어오자 우리는 애플에 우리의 앱을 올렸다. 아우디 영업사원이라면 누구나 다운받을 수 있도록 말이다. 애플스토어가 사람들 사이에서 회자될 무렵, 다른 자동차 회사들의 앱도 속속 올라갔다. 하지만 그것은 고객용이었다. 고객들에게 자기 회사의 차를 홍보하기 위한 용도였다. 물론 아우디도 그런 앱이 있었다. 하지만 나는 영업사원용이 먼저라고 생각했다.

"저희가 영업사원용 앱을 만들었습니다. 현장에서 테스트해볼 수 있도록 영업 쪽에서 협조해주세요."

시범적으로 최고의 영업사원을 몇 명 선발해 그들을 중심으로 앱이 깔린 아이패드를 지급했다. 결과는 예상대로 폭발적이었다.

"이 앱 덕분에 계약 대수가 늘어났습니다."
"고객들이 한 번 보고는 홀딱 반했습니다!"

현장 영업사원들의 실적이 달라졌다. 충분히 예상했던 바다. 고객들은 아우디 매장에 올 때 BMW나 메르세데스벤츠 같은 다른 경쟁차의 비슷한 급의 모델을 비교한다. 그럼 영업사원은 경쟁차와 우리 차의 차이점과 장점을 설명해야 하는데, 그 많은 자동차의 내용을 외울 수 있는 영업사원은 거의 없다. 그러자니 고객 앞에서 다른 차 카탈로그를 찾거나 컴퓨터로 검색을 해야 하는데, 아우디의 이미지에는 그다지 어울리는 모습이 아니다.

기계와 관련한 설명도 그렇다. 전 세계 최초 사륜구동을 승용차에 적용한 콰트로 시스템이라고 아무리 말해도, 아른거릴 뿐 명확히 들어오기가 쉽지 않다. 그럴 때 아우디 영업사원용 앱을 갖고 있는 사원은 콰트로 이미지를 터치하기만 하면 된다. 본사에서 37도 이상 경사진 핀란드의 스키 활강 구조물에서 찍은 콰트로 아우디의 영상. 미끄럽고 가파른 스키장을 역주행하는 영상보다 콰트로의 우수성을 더 잘 설명할 말이 어디 있겠는가?

일선 영업사원들의 반응이 폭발적이자, 협조를 구하지 않아도 딜러사에서 먼저 아이패드를 구입했다. 이 앱을 본 본사의 반응도 놀라움 일색이었다. 어떻게 이런 생각을 했는지 궁금해하는 한편, 다른 지사에도 벤치마킹을 권했다. 전 세계적으로 아우디가 가장 잘 팔리는 나라 중의 하나인 영국과 인도 등에서 우리 영업사원용 앱의 소스를 제공해달라고 요청해왔다.

우리가 만든 것은 영업사원용 앱만이 아니었다. 본사에서 아우디 매거진 앱을 애플스토어에 올린 얼마 후, 아우디코리아 매거진도 앱을 올렸다. 바로 본사에서 전화가 왔다. 우리가 사용한 소스를 달라는 것이었다.

본사의 매거진은 다른 경쟁차 매거진과 다를 바 없이 종이문서를

PDF로 만들어 넘기는 수준이었지만, 우리의 매거진은 동영상이 구현되는 그야말로 3D 매거진이었던 것이다. 우리나라 사람들의 정보기술IT 눈높이를 맞추려다보니 수준이 높아진 것인데, 덕분에 전 세계 아우디 매거진 앱의 기준이 되었다.

한 국가의 역사를 보면 전성기를 구가한 후 바로 쇠락하는 경우가 많다. 사람들은 그것을 역사의 슬픔이니 뭐니 하지만 나는 그렇게 생각하지 않는다. 쇠락의 징후는 전성기 때 이미 있었다고 생각한다. 전성기 때, 더 이상 나은 것을 찾을 수 없다고 자만할 때 모든 것은 쇠퇴하기 마련이다.

사람도 조직도 마찬가지다. 뭔가를 성취했을 때, 뭔가 잘되고 있을 때, 더 나아갈 블루오션을 찾아야 한다. 성장이란 더 큰일을 하기 위한 기회인 것이다. 열고 또 열게 되어 있는 마트료시카 인형도 그 안에 무언가 더 있을 것이라고 기대하지 않는다면 거기서 재미는 끝이다.

| 2장 |

# 힘껏 밟아라, 가 고 싶 은 그 곳 까 지 !

© 홍장현

# 이제부터
# **룰은** 내가 **정한다**

남들이 하는 대로 하면 된다고 생각한 적이 한 번도 없다.
남들이 하는 대로만 한다면 그들이 한 만큼밖에 할 수 없다는 걸 나는 안다.
어떤 일에서든 자신만의 방법을 찾길 바란다.
내게 맞는 것, 그리고 지금 여기에 맞는 것을 생각하다보면
여기서 창의성이 나오고, 놀라운 것이 샘솟는다.

"이번 신차 발표회는 호텔에서 하지 않겠습니다."

지금으로부터 4년 전, 보통 자동차 회사에서 모 직원이 사장에게 이런 제안을 했다면? 대답은 쉽게 짐작할 수 있다.

"무슨 말도 안 되는 소리야! 하던 대로 얼른 호텔 잡고 사람들 초대하라고!"

무리도 아니다. 여태까지 신차 발표회란 정형화된 틀이 있었고, 수입차 브랜드도 예외는 아니었다. 나는 2002년 스탠딩 파티 형식의

첫 론칭을 시도한 뒤, 2007년 풀모델 체인지가 되어온 '뉴 TT'에 맞는 신차 발표회 장소는 호텔이 아니라 파티장이라고 확신했다. 2007년이면 홍대 앞에서는 이미 파티 문화가 발전해 젊은 층의 트렌드로 자리 잡은 시기였지만, 이것이 자동차 업계 주요 임원들의 트렌드는 아니었다. 파티가 무엇인지도 모르거나 들은 적이 있다 해도 어린 친구들의 놀이에 불과하다고 생각하는 사람들에게 비싼 수입차를 위해 파티를 연다는 것을 이해시키기란 셈법도 모르는 사람에게 미적분을 가르치는 일이나 마찬가지였다. 많은 사람들이 자넷이라는 내 영문 이름을 비하하듯 부르며 빈정거릴 터였다.

"짜이사가 또 튀려고 하는군."

하지만 나는 흔들리지 않았다. 아우디코리아가 출범한 뒤, 아우디의 신차 발표회는 문화적 트렌드를 반영하거나 이끄는 이슈 메이커가 되었다. 홍보라는 목적을 생각하면 최고의 결과지만, 빈정거리고 싶은 사람들의 눈에는 좋은 화젯거리임이 분명했다. 하지만 사람들은 나의 계획이 얼마나 치밀하게 준비되고 있었는지는 몰랐으리라. 매번 성공하는 신차 발표회, 그래프로 보이는 뚜렷한 인지도와 프레스티지의 성장세가 그저 운이라고 생각했는지도……

하지만 단 한 번의 운이라도 어찌 벼락처럼 내리겠는가. 게다가 계속되는 성공을 운이라 할 수 있을까? 남이 닦아놓은 길이 아닌 새로운 길을 간다는 것에 대해, 그것을 성공적으로 완수하기 위해 얼마나 치밀하게 준비해왔는지를 진지하게 생각해본 적이 있다면 누구도 그렇게 말할 수 없었을 것이다.

룰, 규범이라는 것은 존중받아야 한다. 사회의 룰이든 업계의 룰이든, 무언가 규범이 생겼을 때에는 그럴 만한 이유가 있다. 그러나 잊지 말아야 할 것은 하늘에서 내려온 룰은 없다는 것이다. 룰이 생기기 훨씬 전에 어떤 상황이 있었고, 그것을 해결한 하나의 사례가 있었다고 하자. 그 하나의 사례가 몇 번의 상황을 해결하면서 점차 규범이 된 것이다. 그런데 재미있는 것은 세월이 흐르면 사람들은 마치 룰이 처음부터 존재했던 것처럼 행동한다는 것이다. 맥락과 목적은 생각지도 않고 룰이 정답인 것처럼 맹신하는 경향이 있다.

그런데 이전의 룰이 지금 벌어지는 상황에 맞지 않다면 어떻게 해야 할까? 그때도 룰을 따라야 하는가? '하던 대로 해!'라는 말은 매우 폭력적이면서 동시에 불성실한 지시다. 특히나 새로운 콘셉트로 만들어진 상품을 홍보하고 팔아야 하는 사람의 입에서는 결코 나올 수 없는 말이다.

TT를 예로 들어보자. 1998년 세상에 처음 태어난 TT는 영국에서 개최되는 자동차 경주인 투어리스트 트로피Tourist Trophy에서 이름을 따온 차다. 자동차 경주에 나서도 될 만큼 스포티한 차였다. 뛰어난 디자인, 아우디만의 탄탄한 기술력을 바탕으로 태어난 스포츠카라는 콘셉트로 '더 이상의 자동차 디자인은 없다'는 찬사를 받으며 스포츠카의 상징이 되었다. 그리고 2007년 모든 것을 바꾼 뉴 TT가 한국에 론칭되었다. 1세대 TT와 마찬가지로 뉴 TT도 스포츠카로서 찬사를 받고 있었다. 2006년 '아우토빌트 디자인 어워드Auto Bild Design Award'에서 '세상에서 가장 아름다운 자동차'와 '2007 올해의 월드카' 시상식에서 '2007 최고의 디자인' 등을 수상하며 여전히 가장 핫한 스포츠카임을 자랑하고 있었던 것이다.

세계에서 가장 세련되고 멋지며 다이내믹한 스포츠카를 중형 세단과 똑같은 방법으로 론칭을 하자고? 그것은 내게 룰을 따르며 차를 홍보하는 것이 아니라 자신의 무능력을 홍보하는 것이나 다름없었다. 마케터의 빈약한 상상력을 그대로 보여주는 것이었다. 다행히 나의 보스인 사장님은 나의 기획을 이해하고 계셨다.

내가 신차 발표회로 파티를 꼽은 이유는 여럿이었지만, 가장 큰 이유는 뉴 TT의 타깃 수요층의 라이프스타일이었다. 당시 홍대 앞에서 벌어졌던 클럽 파티가 다시 청담동으로 움직이고 있었다. 청담동 파티에는 스타일도 좋고 재력도 있는, 소위 '여피족'이라고 할 만한 사람들이 모여들었다. 나는 뉴 TT의 고객층은 바로 이들이라고 판단했다. 스포츠카를 탈 만큼 트렌디하면서도 5000만 원대의 차를 살 여유가 있는 사람들, 당시 그들을 만나려면 청담동 클럽으로 가야 했다.

기존의 장소를 대여하는 방식으로는 뉴 TT에 맞는 곳을 도저히 찾을 수 없었다. 그래서 나는 아예 서울 도심에 TT돔을 만들기로 했다. 1000평의 대지에 4층 높이로 세운 천막 돔, 그 모습을 누군들 상상이나 했을까? 어디서도 보지 못한 멋진 파티장이 만들어졌다.

당시 가장 트렌디하고 핫한 아이콘이라고 할 수 있는 스포츠계, 음악계, 연예계 스타를 뉴 TT와 함께 등장시키기로 했다. 아직 신인이

지만 앞으로 기대되는, 뉴 TT에 어울릴 것 같은 남자 스타들도 따로 초청했다. 그리고 진짜 뉴 TT의 고객이 될 만한 젊고 스타일리시한 사람들에게 파티 초대장을 보냈다.

파티가 열리던 날 비가 보슬보슬 내렸다. 맑은 날을 기대했지만 날씨까지 내가 컨트롤할 수는 없었다. 하지만 나머지는 예상한 대로였다. 멋지게 차려입은 사람들이 TT돔으로 속속 입장했다. 수많은 잡지와 텔레비전 프로그램에서 스타들을 찍기 위해 몰려들었다. 그들은 어째서 아우디 행사에는 멋진 셀러브리티가 등장하는지 궁금하게 여겼다. 뉴 TT가 등장하고 사람들은 멋진 스포츠카에 집중했다. 파티는 흥겹게 이어졌다.

파티는, 아니 신차 발표회는 대성공이었다. 뉴 TT는 예상했던 수량보다 훨씬 많이 팔렸고, 홍보 효과도 내가 생각했던 것 이상이었다. 나는 자동차 잡지와 일간신문 외에 잡지에서 이 특별한 신차 발표회를 다뤄줄 것이라고 예상했다. 거기까지는 예상했던 수준으로 성공을 거두었다. 하지만 블로그는 미처 생각지 못한 선물이었다. 자신들의 소소한 일상을 포스팅하는 것을 좋아하는 블로거들이 많다고는 알고 있었지만, 이토록 빨리 그날의 파티 소식과 사진, TT가 인터넷을 통해 사람들에게 퍼져나갈 줄은 몰랐다.

이 신차 발표회로 나는 다음해 독일 본사에서 열리는 '아우디 커뮤니케이션 어워드Audi Communication Award'에서 3위에 해당하는 상을 받았다. 전 세계 59개국 아우디 지사가 경합한 가운데 세계 3위, 아시아 지사로는 유일했다. 많은 매체에서 그 이유를 알고 싶어 했다. 나는 이렇게 대답했다.

"한국만의 독특한 마케팅 기법으로 아우디의 인지도를 높였다는 것을 평가받았다고 생각합니다."

만일 나의 말을 자신의 교훈으로 삼은 사람이 있다면 이 말을 좀 더 입체적으로 파악했을 것이다. 아우디라는 새로운 브랜드의 인지도를 상승시키기 위해서는 한국 사회에서 룰이라고 말하는 것들을 과감히 깨고, 고객층을 제대로 짚어내어 마케팅을 해야 한다고. 내가 인정받은 점은 단순히 파티를 열었기 때문이 아니라는 것을 파악했을 것이다.

고등학교와 대학 때도 흔히 말하는 모범생 축에 드는 성적이었지만, 정해진 룰 안에서만 움직이는 학생은 아니었다. 나는 나의 목표와 룰에 따라 행동했고 그 안에서 자유로웠다. 학교가 끝난 뒤엔 대학가를 놀러 다니고 대학생들이나 입는 옷을 사서 입기도 했다. 성적을 유지하기 위해 혹독하게 스스로를 다그치는 순간들도 허다했다. 무언가를 얻기 위해 다른 것을 포기해야 한다는 것, 내 룰대로 움직이기 위해서는 더 많이 노력해야 한다는 것을 그때부터 깨달았던 것 같다.

나는 남들이 하는 대로 하면 된다고 생각한 적이 한 번도 없다. 남들이 하는 대로만 한다면 그들이 한 만큼밖에 할 수 없다는 걸 나는 안다. 새로운 것이 나올 수가 없다. 설사 결과적으로 남들과 똑같은 일을 한 것처럼 보일지라도, 그 결론에 이르기까지 나는 철저하게 고민하고 방법을 찾는다.

모든 사람이 나와 똑같아야 한다고 생각하지는 않지만, 룰에 대해서는 늘 조심해야 한다고 믿는다. 특히 어떤 일을 할 때, 일의 방법론에 대해 치열하게 고민하지 않고 남들이 하는 대로 따라 하는 일을 제일 경계하라고 말하고 싶다.

어떤 일에서든 자신만의 방법을 찾길 바란다. 내게 맞는 것, 그리고 지금 여기에 맞는 것을 생각하다보면 여기서 창의성이 나오고, 놀라운 것이 샘솟는다. 새로운 물건을 새로운 고객에게 팔아야 하는 사람들에게는 특히 그렇다. 룰은 매번 자신이 만드는 것이다. 처음부터 그 자리에 있던 룰은 없다.

# **빽빽한** 정글에도 **새 길은 난다**

남자들만 우글거리는 정글 같은 자동차 업계를 지나오면서,
휘청거리고 넘어질 뻔한 돌부리를 수도 없이 만났다.
'좀 지나면 평탄한 길이 나오겠지,
좀 더 큰 자리에 오르면 이 길이 수월해지겠지' 생각했지만,
내 기대는 어긋나기 일쑤였다.

'여기는 아직도 여자를 안내원 정도로만 보는구나.'

30대에 차장, 부장을 거쳐 이사가 되었을 때 회사의 다른 임원들과 딜러사 임원들은 일부 나를 껄끄러워했다. 회사 내에 나보다 직급이 낮은 간부 중 90퍼센트가 최소 열 살 연상이었다. 나는 직급에 상관없이 연령에 따른 존칭을 빠뜨리지 않았다. 그래도 회사 내에서는 그렇게 존칭을 하면 상대방도 나를 이사로 존칭하고 협력하는 경우가 대부분이었다.

하지만 일각에서는 서로가 긴밀히 도움을 주고받아야 하는 일에 대해서도 껄끄러운 분위기가 이어졌다. 난감했다. 나의 업무가 공교

롭게도 본사에서 온 외국인 사장과 내부 인원이 원활하게 소통하도록 돕고 일을 진행하는 것이었기 때문이다.

여자 직원이라면 프런트에 단정하게 앉아 손님을 안내하거나 컴퓨터에 주문 내용을 입력하는 일을 한다고 생각하던 시절이었다. 이러한 인식에 휩쓸려 일을 망칠 수는 없었다. 쓸데없는 일로 일을 망치려는 사람과는 그가 누구든 싸워서 쟁취하기로 결심했다. 상반되는 두 가지 결심, 이것이 내가 지난 10년간 매일 했던 일이다.

그때나 지금이나 불편한 일들투성이지만, 이제는 그것이 나의 숙명이라고 생각한다. 나만이 아닐 것이다. 여성이 새로운 필드에 들어가려면 누구도 피할 수 없는 일이라고 생각한다.

'레이싱 모델'이라는 단어를 만들어낸 일화도 이 두 가지 결심의 결과였다. 2007년까지 자동차 모터쇼에는 레이싱 모델이라는 말이 없었다. '레이싱걸'이 있었을 뿐이다. 모터쇼 하면 부스마다 천편일률적인 모습으로 자동차가 전시되었다. 브랜드는 다른데 섹시한 옷을 입은 여성 모델들이 자동차에 기대 있는 모습은 똑같았다.

2005년 아우디코리아가 처음으로 서울에서 모터쇼에 참가했을 때, 나는 레이싱걸에게 새로운 옷을 입히기로 결정했다. 그녀들은 모델이었다. 우리가 보여줄 자동차가 스포츠카만 있는 게 아닌데, 그녀들이 섹시한 옷만 입을 이유가 없었다. 훌륭한 보디핏을 가진 그녀들이 아우디의 품격에 걸맞은 옷을 입고 자동차의 이미지를 높여야 한다고 판단했다.

나는 프리미엄 패션 브랜드 '앤디앤뎁'과 함께 아우디에 어울리는 의상을 따로 제작했다. 모터쇼는 아우디의 이미지를 다른 자동차 브랜드와 차별화하는 데 결코 놓칠 수 없는 호재였다.

2007년에는 한 발짝 더 나아갔다. 레이싱 모델로 남성 모델을 기용하기로 한 것이다. 사실 이것은 모델 에이전시에서조차 거부했던 획기적인 시도였다. 지금은 아우디의 레이싱 모델이 되기 위해 역량 있는 남녀 패션 모델들이 앞다투어 오디션을 보지만, 그 당시만 해도 모터쇼는 패션 모델이 설 만한 무대가 아니라고 여겨졌던 것이다. 아무도 모델로 나서지 않아 애를 먹었던 기억이 생생하다. 의상 역시 아우디 콘셉트에 맞게 만들기 위해 솔리드옴므의 우영미 디자이너에게 부탁했다.

미디어의 큰 이슈가 될 것이라는 나의 예상과는 달리 그들의 반응은 냉랭했다. 사진기자들은 남성 모델이 서 있는 아우디 부스에서 오래 머물지 않았다. 모터쇼 관계자들도 업계의 관행을 무시한 처사가 박수 받을 리 있겠냐라는 식이었다. 하지만 나는 꺾이지 않았다. 아우디에서는 다이내믹하고 묵직한 남성적 이미지의 차들이 나왔고, 그런 차는 남성 모델들과 있을 때 빛을 발했다. 나는 내 판단이 맞다고, 결국은 이슈를 불러일으킬 것이라고 확신했다. 2년간 모터쇼를 진행하면서 얻은 결론이었다.

모터쇼에 오는 사람들을 보면 남자들은 차뿐만이 아니라 레이싱 걸 덕분에도 즐거워한다. 반면 남자와 함께 온 여자들은 놀거리는커녕 볼거리도 없어 지루해한다. 아우디 같은 멋진 디자인의 차를 보는 즐거움은 잠시일 뿐 남자들처럼 기계에 관심이 있는 여자들은 많지 않고, 그녀들이 레이싱걸과 사진을 찍을 이유도 없는 것이다. 그녀들은 남자친구가 레이싱걸과 기념 촬영할 때 셔터를 눌러주거나 어서 집에 가자고 재촉할 뿐이다. 그런데 사실 입소문을 내는 것은 남자보다는 여자들이다. 모터쇼에서 여자들을 지루하게 하지 않는다면 홍보 효과도 클 것이라고 생각했다.

남자들이 대부분인 기자들은 아우디의 남성 레이싱 모델을 외면했지만, 여자 고객들의 입소문은 굉장히 빨랐다. 나는 2009년에도 멋진 디자이너들의 의상과 함께 남성 레이싱 모델을 기용했다. 그러자 2009년, 드디어 매체들이 레이싱 모델에 관심을 갖기 시작했다. 이미 다른 브랜드에서 우리를 따라 남성 모델을 기용하기 시작한 때였다.

어떤 한 가지 일을 성공시켰다고 해서 선입견이 바로 사라지는 것은 아니다. 행사 중에 일부 임원들이 비협조적인 반응을 보여 분위기를 망친다거나 마케팅 비용을 청구하면 따로 업체에 문의해 비용 '뒷조사'를 하는 사람들도 있었다.

남자들만 우글거리는 이 정글 같은 자동차 업계를 지나오면서, 휘청거리고 넘어질 뻔한 돌부리를 수도 없이 만났다. '좀 지나면 평탄한 길이 나오겠지, 좀 더 큰 자리에 오르면 이 길이 수월해지겠지' 생각했지만 내 기대는 어긋나기 일쑤였다. 늘 생각지도 못한 문제들이 여기저기서 튀어나왔고, 나는 그때마다 지치지 않고 응했다.

여자들의 능력을 끝까지 인정하지 않는 사람과 일을 할 때는 갈등과 싸움도, 그로 인한 속상함도 받아들여야 한다. 그렇게 매 순간을 버티다보면 이 빽빽한 정글에도 새 길이 난다. 이 길을 따라 내 뒤에 오는 여자들, 아니 합리적으로 일하고자 하는 사람들이 좀 더 수월하게 정글에 진입하게 될 것이다. 그리고 지금 나는 10년 전과 비교해 내게 생긴 어떤 것을 알고 있다.

어떤 이들은 그것을 내공이라고도 하고, 아우라라고도 말한다. 10년 전 소리치며 쟁취했던 것을 이제는 몇 마디 말로 해결할 수 있다니. 그 다사다난했던 시간을 지나 나도 모르게 얻게 된 내 흔들림 없는 눈빛이 나의 자랑스러운 훈장이다.

# **정장 슈트**가 나의 **갑옷처럼** **느껴지던** 날

칼라가 빳빳이 선 새하얀 셔츠를 받쳐 입고 거울 앞에 서자,
쉽게 침범할 수 없는 영역을 확보한 장군처럼 든든했다.
신발장에서 굽이 10센티미터는 족히 될 까만색 하이힐을 꺼내 신었다.
이제 집 밖으로 나가야 할 때다.
어떤 일이 닥쳐도 백전백승할 수 있다는 마음으로
스스로에게 최면을 걸기 시작했다.

내 옷장은 온통 블랙이다. 까만 어깨를 빛내며 일렬로 즐비한 슈트들을 보고 있노라면 약간 비장한 기분에 휩싸이기까지 한다. 그중에서 가장 먼저 손이 가는 한 벌이 있다. 몇 년 전 밀라노에 출장을 갔을 때 세일 간판을 보고 호기심에 들어갔던 돌체앤가바나 매장. 그곳에 바로 이 슈트가 있었다.

약간 치솟듯 올라간 숄더와 넓고 각진 칼라, 내 몸 전체를 감싸안는 듯 붙는 느낌이 무척 좋았다. 나는 그 옷에 홀린 게 분명했다. 처음 입는데도 마치 오래 입었던 옷인 듯, 딱 내 것 같은 느낌이었다. 세일 가격이라는데도 귀를 의심할 만한 고가였지만 나는 미련 없이 돈을 지불했다. 이 슈트를 처음 보았던 그때의 환상적인 느낌 말고도 내가

이 슈트를 애지중지하는 이유는 따로 있다.

2004년 4월 7일 새벽 5시, 그날의 파트너도 밀라노에서 산 이 슈트였다. 칼라가 빳빳이 선 새하얀 셔츠를 받쳐 입고 거울 앞에 서자, 쉽게 침범할 수 없는 영역을 확보한 장군처럼 마음이 든든해졌다. 어떤 일이 일어나도 나를 보호해줄 갑옷 같은 슈트에 자신감이 더해졌다. 신발장에서 굽이 10센티미터는 족히 될 까만색 하이힐을 꺼내 신었다.

이제 집 밖으로 나가야 할 때다. 슈트가 갑옷이라면 높은 힐은 은밀하게 숨긴 장군의 칼일까? 어떤 일이 닥쳐도 백전백승할 수 있다는 마음으로 스스로에게 최면을 걸기 시작했다. 아우디코리아의 출범을 알리는 기자회견 날이었다.

기자회견 전날, 아니 당일인 4월 7일 새벽 1시에 나는 3년간 다녔던 G사에 사표를 냈다. 전날은 하루 종일 그랜드하얏트 호텔에서 독일 본사에서 온 담당자와 기자회견 준비를 했다. 기자들의 예상 질문에 대비한 마지막 수정본을 만들고, 브리핑을 점검하고, 그 밖에 행사 진행에 필요한 사항들을 세세한 것까지 일일이 체크했다. 모든 준비를 끝내고 나니 밤 12시, 본사 담당자에게 내일 보자는 인사를 하고 호텔을 나섰다. 하지만 집으로 향할 수 없었다. 마지막까지 고심했던 일이 남았기 때문이다.

아우디코리아라는 외국계 회사에서 일할 것이라 생각하고 지원한 이후 3년, 나는 한국 여느 회사나 다름없는 G사에서 일했다. 모터쇼라든가 신차 발표회 행사 등 마케팅 홍보 부분은 본사에서 직접 챙기는 일이었지만, 그 일을 지시받는 나는 사회생활의 대부분을 한국 기업 문화 속에서 남자 직원들과 해야 했다.

나는 내가 왜 아우디코리아의 홍보 매니저로 뽑혔는지 알고 있었다. 본사는 내가 여성이고 어리기 때문에 나를 뽑은 것이 아니었다. 일을 해낼 수 있으리라는 잠재력을 보고 뽑았다. 이 사실은 두 가지 면에서 나를 냉정하게 만들었다. 하나는 무슨 일이 벌어지든 본사는 결과로써 나를 평가할 것이라는 점이었고, 또 하나는 내가 여기서 어떤 일을 당하든 본사는 이해할 수 없을 것이라는 점이었다.

즉 결과가 없으면 미래도 없었다. 내가 매일 출근하는 G사라는 곳이 일하기에 어떠한 환경인지 알아줄 만한 사람은 하나도 없었다. 싱가포르에 있는 아시아 헤드쿼터의 PR매니저는 나의 상황을 이해했지만, 그것도 한 해 두 해 시간이 흐르며 쌓인 정 때문에 언니 같은 심정으로 나를 지켜본 것일 뿐, 일의 성패와는 상관이 없었다.

### '싸움닭' '골 때리는 애'

G사에서 내 별명이 더 있었을지 모르겠다. 공통점은 다 부정적이라는 것이다. 그곳에 들어간 얼마 후 나는 전략적 선택을 해야겠다는 생각이 들었다. 그 첫 시작은 우습지만 '담배 피우기'였다. 언젠가부터 담배를 피우지 않아서 남자들과 같이 일하기 힘들다는 느낌을 받기 시작했다. 남성이 여성보다 독립적일 것이라는 나의 선입견이 깨진 것도 비슷한 시기였다.

아침에 출근하자마자, 점심시간 직후, 오후 서너 시경 남자 직원들이 우르르 밖으로 몰려나가는 시간대가 있었다. 그들이 밖에 나가는 이유는 단 하나, 흡연 때문이었다. 그런데 자세히 보니 그건 단순한 여가 시간이 아니었다.

'담배 세션session'. 나는 그 시간을 이렇게 불렀다. 담배를 피우며 그들은 회의 때 해야 할 모든 일을 하고 있었다. 나의 상식으로는 업무란 회의 때 정식으로 제안하고 토론을 거쳐 결정하는 것이었다. 하지만 이곳에서 회의는 그저 요식행위에 불과했다. 진짜 토론, 진짜 의사결정은 담배 세션 때 이뤄졌다.

그러다보니 담배를 피우지 않는 나 같은 여직원은 그 모든 일에서 배제되는 느낌이었다. 그들이 일부러 그랬든 아니든, 아쉬운 사람은 나였다. 그렇다고 담배도 피우지 않으면서 그 자리에 멀뚱멀뚱 서 있으면 그들은 입을 꾹 다물거나 나를 피해 다른 곳에서 또 다른 세션을 열 것 같았다. 원하지는 않았지만 담배를 피우는 수밖에 없다고 생각했다.

"부장님, 이거 왜 이렇게 늦어져요? 이런 건 제때 처리해줘야지."

"정말 그랬다고? 걔네들 미친 거 아냐?"

맞담배를 피우며, 거친 말을 툭툭 던지며 나는 아저씨들의 대화에 끼어들었다. 전 직장인 노보텔과 버슨마스텔러에 다닐 때는 상상도 못했던 일이었다. 대학 때부터 입고 다니던 여성스러운 정장은 벗어던지고 남자들의 옷인 슈트를 즐겨 입기 시작한 것도 이때부터였다. 칼라를 세운 와이셔츠에 무채색 정장 재킷, 정장 바지에 힐을 고집했다. 아직 남성 정장 느낌의 슈트를 입는 여성들이 생기기 전이었다. 본의 아니게 남들보다 앞서간 셈이 됐지만, 내게는 어디까지나 전략적인 선택이었다. 남성용 슈트라 할지라도 나만의 스타일로 입고 싶어 소매에 커프스 버튼을 채우기도 했다.

사내아이 같은 숏커트, 그을린 피부, 1년 가봐야 치마 한번 안 입는 어린 여자 매니저가 아저씨들 사이에서 담배를 피우니 이상한 별명이 생기는 것이 당연했다. 거친 말투에도 놀라지 않았고, 소위 음담패설에도 안색 하나 변하지 않고 같이 웃으며 이야기했다.

이곳에서 여자티를 내봐야 당하기만 할 뿐, 얻을 것은 하나도 없었다. 내가 원하는 것은 일이 진행되는 것이지 편안하게 일하는 것이 아니었다. 그 시절, 나는 스스로도 여자라고 생각하지 않았던 것 같다. 어떻게 하면 세어 보일지, 어떻게 하면 무시당하지 않고 동등하게 일할 수 있을지를 생각했고, 중요한 의사결정을 제때 알 수 있을지가 내게 중요했다.

시간이 지나면 나의 진심을 알아줄 것이라든가 하는 바람도 없었다. 어차피 그 안에서 나는 혼자였다. 그들에게 나는 처음에는 물정 모르는 어린 여자애였고, 여러 건의 일을 진행하는 과정에서는 본사와 소통하는 거의 유일한 사람이었다. 그러니 그들이 나를 한패로 인식하지 않는 것도 당연했다.

그래도 보통은 편안해지는 시기라는 것이 있는데, 내 상황은 점점 악화일로였다. 마치 나를 도와주려는 사람은 한 명도 없는 것처럼 보였다. 고함을 지르는 것은 기본이고, 서류를 집어던지며 싸우는 것도 피하지 않았다. 기획, 예산, 결재 등 하나부터 열까지 싸우지 않고 통과되는 일은 거의 없었다.

'곧 아우디코리아가 세워질 거야.' 이 희망이 없었다면 내가 그 시기를 어떻게 견뎌냈을까? 견딜 수 있었을까? 잘 모르겠다. 지지 않겠다는 오기는 있었지만, 제대로 된 외국계 기업에서 일할 수 있다는 희망이 없었다면 버티지 못했을지도 모른다.

가끔 본사에까지 나를 험담하는 말이 흘러들어가기도 했다. 다행히 본사와 나의 관계는 돈독했다. 그들이 한국에 출장을 오거나 내가 그곳으로 갔을 때 쌓인 우정도 있었지만, 무엇보다 그들의 명확하고 객관적인 판단 기준이 도움이 됐다. 그들에게 일과 사생활은 완전히 별개의 문제다. 그들이 보기에는 오히려 그런 험담을 하는 사람들이 더 우습게 느껴졌을 것이다.

아우디가 원하는 일을 제대로 해냈느냐 못해냈느냐. 이 질문에 대한 답이 긍정적인 한, 내가 다른 한국 회사에서처럼 근거 없는 루머에 어이없이 당하는 일은 없을 것이었다. 결과로 인정받을 수 있다는 믿음, 그것이 나를 버티게 한 힘이었다.

아우디코리아 출범이 확정된 뒤까지 사람들은 여전했다. 아우디 본사로부터 아우디코리아의 첫 사원으로 나를 채용하겠다는 말을 직접 들었는데도, 내게 그 사실을 정식으로 통보하지 않았다. 내게 아우디코리아로 가게 되었음을 알려주고 퇴사하도록 하는 것이 당연한 절차인 것을 알면서도 기자회견 전날까지 아무도 내게 그 사실을 말해주는 사람이 없었다.

호텔에서 마지막 점검을 하면서도 마음 깊은 곳에서 끓어오르는 분노를 어찌할 수 없었다. '그들이 대체 내게 왜 이러는 걸까? 그들이 바라는 것이 기자회견 당일, 우왕좌왕 어쩔 줄 모르는 내 모습일까? 아니면 그들 무리에 옹색하게 끼여 있는 위축된 내 모습일까?' 하지만 나는 그들이 원하는 어떤 모습도 보여줄 마음이 없었다.

새벽에 사무실로 돌아와 짐을 싸고 사장님 책상에 사표를 올려놓았다. '나는 마지막까지 기다렸다. 최선을 다했다.' 마음에 얹힌 돌이 치워진 듯 시원했다. 아침에 책상 위에 놓인 내 사표를 보면서 다시 한 번 나를 탓하겠지만, 타인을 탓할 때 자신이 한 일을 생각하는 사람은 많지 않을 것이다.

기자회견이 시작되었을 때, 나는 G사가 아닌 아우디코리아 쪽에 앉았다. G사에 있을 때부터 큰언니처럼 보호해주고 이끌어주었던 아시아 헤드쿼터 PR매니저가 나를 격려했다.

"잘했어, 자넷. 그런 건 다 잊어. 이제 앞으로 갈 일만 생각해."

그리고 아우디 본사 직원들과 함께 기자회견장으로 향했다. '이제부터 시작이야. 곧 나의 때가 올 거야.' 그날 새벽 사표를 내고 눈도 몇 시간 붙이지 못하고 다시 기자회견장으로 가기 전, 집 현관 거울에서 잠깐 보았던 내 모습을 나는 아직도 선명하게 기억한다. 내가 그 밀라노 슈트를 지금도 행운의 부적처럼 즐겨 입는 이유다.

## **막다른** 길은 **뚫고** 가도 **좋아**

그분께 들을 수 있으리라고는 상상조차 못했던 말을 듣는 순간,
나도 모르게 눈시울이 붉어졌다.
마케팅의 필요성을 이해하지 못했던, 가장 대하기 어려웠던 사람이
나를 처음 인정한 순간이었다.
포기하지 않길 잘했다는 생각이 들었다.

2006년, 뱅앤올룹슨B&O 스피커가 장착된 3세대 A8 모델이 출시되었다. 이미 A8의 우월한 기술력은 널리 알려져 있었기 때문에 그 모델의 마케팅 포인트는 '사운드'였다. 특히나 세계적인 명품 오디오 브랜드 B&O에서 자동차용 사운드 시스템을 만들어 선보이는 첫 케이스였다. A8의 내부 공간, 주행속도에 따른 마찰음과 외부 소음까지 고려해 최상의 음질을 만들어주는 시스템인 것이다.

자동차를 운전하는 사람이라면 누구나 차에서 음악을 듣는 것이 무시할 수 없는 즐거움이라는 점에 동의할 것이다. A8 B&O는 이 즐거움을 최대한으로 끌어낸 역작이었다. 당연히 나의 타깃 고객층은 최고의 사운드에 관심을 기울일 만한 사람들이었다.

하지만 그것만으로는 부족했다. A8는 최고급 프레스티지 세단으로 아우디의 야심작이었다. 차 한 대 가격이 2억 원에 가까웠다. 최고급 세단을 구입하는 고객층 가운데 특히 고급 사운드에 관심이 많은 사람들이 A8의 고객층이었다.

문제는 이런 고객들을 만날 기회가 거의 없다는 것이었다. 막막한 기분이 들었다. 그들은 셀러브리티들과는 또 달랐다. 매체 등 사회적인 행사에 노출되는 경우도 거의 없었다. 한마디로 마케팅 대상자라고 할 수 있는 사람들이 아니었다. 상대가 없는데 홍보하고 마케팅을 해야 하는 상황. 불가능에 가까운 일을 하는 것이 나의 업무였다.

나는 다시 처음부터 생각했다. A8, 사운드, 클래식…… 여기까지 생각하자 박종호 선생님이 떠올랐다. 의사로서 클래식 문화공간 풍월당을 열고 오페라와 클래식에 관한 많은 저서를 낸 특이한 경력의 소유자인 박종호 선생님이 열쇠를 쥐고 있을 것 같았다.

자세히 알아보니 선생님은 오래전부터 오페라 여행을 다녔고, 근자에는 오페라 수업을 듣는 제자들과 함께 잘츠부르크로 오페라 여행을 떠난다는 것을 알게 되었다. 잘츠부르크라는 말에 귀가 번쩍 뜨였다. 알고 보니, 박선생님의 오페라 교실에서 수업을 듣는 제자들은 평범한 사람들이 아니라 흔히 말하는 VVIP 계층 사람들이었다.

'최고급 세단을 소유할 만한 재력이 있고 동시에 음악에도 조예가 깊어 고급 사운드의 가치를 알 만한', 바로 내가 찾고 찾았던 A8 B&O의 고객층이었던 것이다. 나는 박종호 선생님을 만나기 위해 백방으로 애쓴 끝에 겨우 선생님을 뵐 수 있게 되었다. 내게는 너무나 중요한 미팅이었다.

선생님은 댁 근처의 빵집에서 만나자고 했다. 당시 나의 직함은 부장. 바쁘고 까다롭기로 소문난 선생님을 만나뵙는데, 시간을 낭비해서는 안 될 것 같아 단단히 미팅 준비를 했다.

"정장들 갖춰 입고 오세요."

이벤트 대행사, 우리 회사 직원은 물론 나 역시 가장 좋은 슈트를 차려입고 선생님을 만나러 갔다. 찢어진 청바지 차림으로 편하게 나온 선생님은 검은색 정장으로 빼입은 우리 일행을 보고 흠칫 놀란 표정이었다. 왜 아니겠는가. 보디가드처럼 까만 정장을 입은 여럿이 빵가게 한구석을 점령한 채 비장한 표정으로 앉아 있었을 테니…… 이건 무슨 시추에이션인가 싶지 않으셨을까.

가정집 근처라 빵을 사러 왔던 사람들도 우리 일행을 흘끔흘끔 훔쳐보았다. 하지만 당시에는 아무것도 기억나지 않을 정도로 미팅에 집중했다. 선생님의 말씀을 한마디도 놓치지 않으려고 메모는 물론 녹취까지 했고, 가져온 노트북으로 선생님께 우리의 제안을 현장에서 프레젠테이션했다.

"아우디에서 이렇게 문화 후원을 한다는 것이 감동적이네요. 이부장의 제안을 긍정적으로 검토해보겠습니다."

어떻게 해도 뚫을 수 없었던 VVIP 고객을 만나게 된, 마케터로서의 내게는 역사적인 순간이었다. 그렇게 떨면서 처음 뵌 박종호 선생님은 이제 내 인생에 없어서는 안 될 멘토가 되었다. 그분은 막다른 길이라고 생각되는 그 순간에도 마지막 끈을 놓지 않고 앞으로 가면 안 되는 일이 없다는 걸 알게 해준 장본인이다. 더불어 예술적으로 다양한 취향에 눈뜨게 만들어주시기도 했다. 그리고 기업의 예술 후원이 사회적인 기여 외에 어떤 효과를 보여줄 수 있는지 실감할 수 있게 해주었다. 마케터들이 VVIP 고객들을 만날 수 있는 접점은 결국 그들의 라이프스타일과 문화 취향에 대한 접근이며, 그것을 이해하는 기업이 새로운 프레스티지를 만들 수 있다는 것을 깨닫게 되었다.

지금은 문화 마케팅이 대세라고 하지만, 내가 처음 문화 마케팅을 할 때만 해도 이해하는 사람이 많지 않았다. 특히 어려웠던 것은 내부의 적극적인 지지를 받을 수 없다는 데 있었다. 아우디코리아의 다른 부서들도 쉽게 이해하지 못했고, 함께 고객층을 초대해줄 딜러사 사장님들도 왜 그런 행사가 필요한지 모르겠다는 반응이었다.

최고급 장소에서 비싼 스테이크와 와인을 제공하고, 때로는 예술가를 불러 퍼포먼스를 하고, 공연 대행사도 부르지 못하는 해외 뮤지션을 불러 콘서트를 열고, 고객들과 여행을 떠나고…… 나의 마케팅 홍보 초기에 '아저씨' 임원들의 눈에는 내가 쓸데없는 일에 돈을 쓰는 것처럼 보였을 것이다. 단단한 벽에 몇 번이고 알면서도 헤딩을 하는 기분이 이런 걸까. 사람들에게 잘 알려지지 않은 브랜드의 차를 사게 하려면 그저 값을 깎아주는 것이 최고의 마케팅이라고 생각하던 시절이었다.

“그 돈이 있으면 나를 줘요. 좀 깎아서 더 많이 팔게.”

아우디의 인지도가 판매량과 연결된다는 것을 깨닫기 전까지 내가 수없이 들었던 말이다. 가장 적극적으로 나를 지지해주어야 한다고 믿은 딜러사들은 마케팅의 효과를 의심스러워했다. 마케팅 홍보에 상당한 예산이 책정되고, 그 돈으로 특별한 행사를 한다는 것을 선뜻 이해하지 못했다. 한 대라도 더 파는 것이 이득이라고 생각했던 그분들은 그렇게 말씀하실 수 있었다. 하지만 나는 절대 굽히지 않았다.

‘언제까지 중급 브랜드와 비교하며 차를 팔아야 합니까? 아우디라는 이름만으로도 차가 팔리도록 해드릴게요.’ 속으로 수없이 이런 말을 삼켰다. 본사에서 아우디코리아로 부임한 초대 사장님도 딜러사 사장님들을 이해시켜야 한다며 나를 지지해주었다.

마케팅에 소요되는 비용에 대해서는 딜러사와 어느 정도 협의를 하게 되어 있다. 마케팅의 효과가 가시적으로 나타나지 않을 때, 그리고 마케팅의 필요성을 잘 모르는 상황에서 이 비용은 딜러사 입장에서는 충분히 낭비처럼 느껴질 수도 있다. 나는 그럴수록 마케팅이 필요하다고 생각했다. 딜러사의 영업사원들이 효과를 말할 때까지는 꿋꿋이 지속하는 수밖에 없었다. 힘들어도 딜러사 사장님들을 이해시키고 함께 가야 했다. 나의 마케팅이 도달할 고객들은 딜러사를 통해 만나는 일이 대다수니까 말이다.

아우디 고객들의 취미를 조사해보면 70퍼센트 이상이 골프라고 응답한다. 골프는 한국에서 '수입차'를 탈 만한 고객들에게 가장 열렬한 지지를 받는 스포츠다. 아우디 본사에서는 매해 전 세계의 아우디 고객들을 상대로 세계 골프 대회를 열고 있다. 이름하여 '아우디 콰트로컵 골프 대회'다. 아우디코리아 설립 후 콰트로컵 월드 파이널에 참가하기 위해 한국에서의 콰트로컵이 시작되었고, 딜러사별 예선을 거쳐 상위 20퍼센트가 한국 결선에 참가한다.

우리나라에서 가장 좋은 골프장들을 섭외해 진행하는 이 대회에서 우승을 하는 팀은 2인 1조로 세계 대회에 나갈 수 있다. 이 콰트로컵은 아우디코리아 설립 후 우리가 주최하는 모든 행사 중에 가장 높은 출석률을 자랑한다.

콰트로컵 예선 대회의 뜨거운 반응에 딜러사 사장님들의 인식, 태도 모두 서서히 변했다. 첫 번째 행사가 성황리에 끝난 뒤, 두 번째 대회부터는 참석하려는 고객이 너무 많아 딜러사들이 고생할 정도였다. 이렇게 열광적인 지역 예선을 통해 세계 대회에 나선 한국팀의 성적은 거의 상위권이었고, 2010년 드디어 콰트로컵을 차지하여 신문에 나오기도 했다.

2회 콰트로컵 대회 예선, 고객 140명이 대회를 마치고 식사를 하며 시상식을 하는 자리였다. 시상식에 앞서 한 딜러사 사장님의 스피치가 있었다. 그런데 나는 뜻밖의 말을 들었다.

"이 기회를 빌려 고맙다는 말을 해야 할 분이 있습니다. 바로 아우디코리아의 이연경 이사님입니다. 이이사 덕분에 콰트로컵 예선을 시작할 수 있었고, 이렇게 즐거운 자리를 만들 수 있었습니다."

그분께 들을 수 있으리라고는 상상조차 못했던 말을 듣는 순간, 나도 모르게 눈시울이 붉어졌다. 마케팅의 필요성을 이해해주지 않을 듯이 보였던, 가장 대하기 어려웠던 딜러사 사장님이 나를 처음 인정한 순간이었다. 포기하지 않기를 잘했다는 생각이 들었다.

"이이사님 덕분에 차 팔기가 쉬워졌어요."

"이젠 부산에서도 아우디를 잘 압니다. BMW보다 못하지 않아요."

아우디의 인지도와 프레스티지가 급격하게 올라갔던 2007년부터 나는 딜러사 사장님들께 이런 이야기를 종종 듣곤 한다. 아우디가 무엇인지도 모르던 시절부터 함께 고생했던 딜러사 사장님들은 달라진 아우디의 위상을 실감하고 있었고, 그것이 아우디의 마케팅 홍보 활동 덕분이라는 것도 인정해주었다. 아우디라는 고급 브랜드가 왜 고급스러운지 딜러사에서 어렵게 홍보하는 것보다, 고객들이 고급 브랜드로 인지하고 딜러사를 찾는 것이 훨씬 쉽다는 것을 제일 먼저 느낀 그분들은 이제는 나의 마케팅에 힘을 실어주는 고마운 분들이다.

# 100장짜리 PT에서 '자넷리 쇼'가 되기까지

프레젠테이션은 하나부터 열까지 듣는 이 중심이어야 한다.
조항 하나, 단어 하나, 토씨 하나 우리가 아닌
그들이 받아들이기에 좋아야 한다.
그들 입장에서 불필요한 것을 빼기 시작하면 열 장도 길다.
30분 동안 발표할 이유도 없다.

2011년 7월, 평창이 동계올림픽 유치에 성공했다. 삼세번 도전한 끝에 이룬 결과인지라, 온 국민과 더불어 나도 자랑스럽고 축하하고 싶은 마음이었다. 하지만 나는 또 다른 면에서 평창의 유치를 축하했다.

'드디어 한국도 프레젠테이션의 힘을 제대로 알게 되었구나.'

첫 번째 프레젠터로 나섰던 나승연 대변인은 많은 이들에게 강한 인상을 남겼고, 김연아 등 프레젠터로 나선 이들에게 이번 평창 동계올림픽 유치에 성공한 공이 많은 부분 돌아갔다. 무명이었던 이가 일약 스타가 되기도 하고, 연사의 영어 실력이나 프레젠테이션 때 입었던 의상이 화제가 되기도 했다. 짧은 시간 동안 관중을 설득하고 원하는 바를 이끌어내는 '순간의 승부'라 할 수 있는 이 프레젠테이션의 중요성에 대해 알게 된 것은 나도 오래되지 않았다.

끼리끼리 수다는 잘 떨어도 남들 앞에 홀로 나서는 것은 어딘지 어색하다. 게다가 무엇인가를 강하게 어필해야 하는 일은 더더욱 어렵게 느껴진다. 그래서 회사생활을 하면서 프레젠테이션을 해야 할 일이 생기면 도망다니기에 바빴다. 어떻게 하면 빠질 수 있을지, 다른 사람들에게 넘길 수 있을지 생각했다.

2004년 처음으로 아우디 본사에서 프레젠테이션을 한 뒤 나의 보스는 나를 불러 이렇게 말했다.

"자넷, 나는 자넷이 무슨 말을 하려는 건지 도무지 모르겠어. 본인은 알고 있는 거야? 열 장으로 줄여."

내 프레젠테이션에 대한 보스의 첫 번째 피드백이었다. 며칠을 꼬박 준비한 프레젠테이션이었다. 최선을 다했고 열심히 했다고 생각했는데 실망감이 컸다.

모든 프레젠테이션이 끝나고 터덜터덜 내 방으로 돌아와 내가 가져간 프레젠테이션 자료의 페이지를 세어보았다. 무려 100장에 가까웠다. 얼굴이 화끈거렸다. 이 많은 이야기를 그 짧은 시간에 하려고 했으니 중요한 포인트가 제대로 전달됐을 리 없었다. 보스는 나에게 이것을 10분의 1로 줄이라고 했다. 내 말의 90퍼센트는 전혀 필요가 없는 내용이었다는 뜻이다.

"자넷, 짧고 간결하게 핵심만 보고해."

보스는 보고 방식에 대한 충고도 해주었다. 프레젠테이션은 처음이었지만 보고는 예전부터 했으니 보스 입장에서는 몇 년간 참았던 피드백을 처음으로 한 셈이었다. 얼굴이 화끈거리면서 쥐구멍이라도 찾고 싶은 마음이었지만, 한편으로는 감사한 마음도 들었다. 보스 입장에서 생각해보니 그가 오래 기다렸다는 것을 알 수 있었다.

그는 나의 보고만 받는 사람이 아니다. 같은 종류의 마케팅 업무에 대해 7~8개국의 지사로부터 보고를 받는다. 나라도 다르고 상황도 다르지만 결국은 비슷한 내용일 터. '어떤 일이 누구 때문에 힘들었고, 한국의 어떤 상황 때문에 지연이 되었고, 날씨가 어때서 장소를 바꿔야 했고……' 그 수많은 일이 내 입장에서는 하나같이 다 중요하지만, 보스 입장에서 보면 그렇지 않을 수 있다. 천재지변처럼 누구나 납득할 수 있는 이유로 프로젝트 진행에 심각한 변화가 생겼다면 모를까, 나머지는 담당자 선에서 해결하면 될 일이었다.

본사 사람들과 일을 하다보면 매우 직설적인 말이 오가고, 쓸데없는 말로 시간을 낭비하는 일은 없다. 거절의 말도 에둘러 하는 한국 문화에 익숙한 나로서는 이것을 이해하지 못해 충돌이 발생하기도 했다. 'Yes or No.' 결과적으로 어느 대답인지가 중요하다. 그 결과에 이르기까지의 사연은 귀담아듣지 않는다.

처음에는 너무 냉정하다는 생각도 들고, 변명이 아닌데 변명으로 듣는 것 같아 억울하기도 했다. 하지만 그들은 '예와 아니요'에 대해 별다른 생각을 하지 않았다. 일은 일일 뿐 감정이 섞이지 않는다. 그러니 안 되면 다른 대안을 찾으면 되고, 변명이 필요 없는 것이다. 처음에는 힘들었지만 시간이 흐르면서 나도 그 방식이 편했다. 일에 감정을 섞지 않는 기업 문화라고나 할까.

나는 의아했다. 참 열심히 회사생활을 했고 일도 못하지 않았다고 생각했는데, 아우디에 오기까지 나는 프레젠테이션 하나 제대로 못 배우고 무엇을 했을까. 생각해보니 프레젠테이션의 중요성을 가르쳐주거나, 도망가는 나를 잡아서라도 시키는 상사는 없었다. 그때는 나 대신 프레젠테이션에 나서주는 동료나 상사가 고마웠지만, 지금 생각해보면 아주 바보 같은 짓이었다.

회사에서 프레젠테이션만큼 자신을 어필할 수 있는 기회는 없다. 프레젠테이션을 피한다는 것은 한마디로 승진할 기회나 멋진 프로젝트를 맡을 기회를 뻥 차버린다는 뜻이다. 그런데 여기까지 말하고 나니, 한국의 다른 기업에서도 그럴까 의문이 든다. 솔직히 한국에서 프레젠테이션이 그렇게까지 중요한지 아직은 모르겠다. 우리 회사 같은 경우 협력업체를 선정할 때 프레젠테이션이 매우 중요하다. 비딩bidding에 들어오는 각 업체의 프레젠테이션을 보고 결정하는 경우가 대부분이다.

한국 기업들도 협력업체를 찾는 일이 많을 텐데, 안타깝게도 프레젠테이션을 하기 전에 다른 경로를 통해 업체가 선정되는 경우가 많은 것 같다. 프레젠테이션보다 그 회사의 이전 작업들(포트폴리오), 경력, 혹은 친분 등으로 이미 몇 개의 업체가 선별된 채 프레젠테이션은 요식행위인 때도 있다. 이러한 환경은 우리나라 인재들의 능력 향상이란 면에서는 독소 조항이다.

평창 프레젠테이션에 모두가 찬사를 보낼 때, 나는 많은 것이 아쉬웠다. 가장 아쉬웠던 점은 그 프레젠테이션을 설계하고 지휘한 사람이 외국인이라는 것이었다. 외국에는 프레젠테이션을 설계하는 회사가 따로 있다. 그들이 프레젠테이션 전략을 짜고, 그것의 실연實演까지 가르친다. 평창 프레젠테이션을 맡은 회사는 먼저 평창을 제치고 2014년 22회 동계올림픽을 유치한 러시아 소치의 프레젠테이션을 맡았던 바로 그 회사였다.

왜 우리 힘으로 프레젠테이션 전략을 짤 수 없었을까? 한국의 전반적인 프레젠테이션 수준은 2004년의 나처럼 자기만족적인 정도라고 생각한다. 한국에서는 그럭저럭 해나갈 수 있는 수준이지만, 세계로 나갔을 때 통할 수 있을까 돌아볼 필요가 있다. 나는 평창을 계기로 우리의 프레젠테이션도 금세 세계적 수준으로 올라갈 것이라 믿는다. 진짜 프레젠테이션으로 평가받는 환경에서 일하게 될수록, 짧고 명확하게 자신의 의견을 효과적으로 전달할 수 있게 된다.

2011년 아시아 태평양 지역 뉴 A6의 신차 발표회가 사상 처음 유럽 외 지역에서 개최되는 것이 결정된 뒤 나는 많은 것을 준비해야 했다. 그 준비 중에는 아시아 각 지사에 신차 발표회와 관련된 내용을 프레젠테이션하는 일도 있었다. 실제로 프레젠테이션을 하는 것이 아니라 전체 일정에 대한 일종의 요약 프레젠테이션을 이메일로 보내면 되는 일이었다. 나는 대행사와 직원에게 이것을 맡기면서 그 옛날의 보스와 똑같은 주문을 그들에게 했다.

"길면 안 돼요. 두 장이나 세 장으로 줄여요."

결과물을 받아보니 한국이라는 나라, 우리의 수도인 서울, 그리고 발표회 무대인 송도에 대한 설명이 구구절절 길었다. 이것은 우리 생각을 기준으로 했기 때문이다. 프레젠테이션은 하나부터 열까지 듣는 이가 중심이 되어야 한다. 조항 하나, 단어 하나, 토씨 하나 우리가 아닌 그들이 받아들이기에 좋아야 한다. 아시아에 있는 지사들에서 원하는 정보를 생각했다면 그렇게 길 필요가 없었다.

"관광공사도 아니고 이런 내용은 다 빼도 되잖아요. 진짜 그들이 이 행사를 통해 알고 싶은 것만 남기고 다 빼세요. 인터넷 시대예요. 한국관광공사 홈페이지, 송도시 홈페이지는 그들도 찾을 수 있어요."

보스의 피드백을 받고 내가 깨달았던 것은 길고 장황한 프레젠테이션은 발표자 중심이라는 것이었다. 그들 입장에서 불필요한 것을 빼기 시작하면 열 장도 길다. 30분 동안 발표할 이유도 없다. 내가 발표할 내용에 대해 잘 알면 알수록 떨리지 않는다. 시선도 흔들리지 않는다.

나는 광고업계 출신이 많은 영국 지사의 홍보 담당자들과 북미 쪽 프레젠테이션에 주목했다. 광고업계에서 온 이들은 프레젠테이션에 강하다. 시종일관 여유 있는 표정과 몸짓을 보인다. 단정한 옷차림, 올바른 자세, 부드러우면서도 강한 눈빛, 절도 있는 제스처…… 모든 것이 다 훈련된 결과라는 것을 깨달았다.

그때 그 피드백 이후, 다음 프레젠테이션을 준비하며 나는 다시 처음부터 프레젠테이션에 대해 공부하고 연습했다. 보고 내용을 완전히 이해하는 것은 기본이고, 보고받는 사람들 입장에서 프레젠테이션 자료를 작성했다. 그리고 모든 내용을 외웠다. 거울을 보며 손짓 하나, 발걸음 하나까지 완벽하게 연습했다. 어디 어디 앉은 사람들에게 시선을 두고 이야기할지 정했다.

프레젠테이션 내용은 마케팅에 걸맞게 동영상 비디오를 많이 집어넣어 시선을 떼지 못하게 했고, 신문과 잡지에 나온 기사나 광고는 아예 실제 내용을 가져와서 무대에서 그대로 보여주었다. 영어에 대한 스트레스는 그다지 크지 않았다. 조건은 똑같았다. 또박또박 말하는 것이 중요했다. 유창한 영어가 아니라 제대로 된 억양과 악센트를 신경 쓰는 것이 더 중요했다.

이제 나의 프레젠테이션은 본사 임원들 사이에서 '자넷리 쇼'라고 불릴 정도로 성공적이다. 하지만 '자넷리 쇼'를 하기까지 나는 프레젠테이션의 A부터 Z까지 혼자 공부해야 했고, 지금도 완벽한 시뮬레이션을 돌려본 뒤에야 발표에 나선다.

글로벌 기업에서 일하며 가장 어려웠던 것, 하지만 결국은 해낼 수밖에 없었던 것이 바로 프레젠테이션이었다. 제대로 된 프레젠테이션을 해내기까지 나는 어디서도 배울 수 없었던 것들을 몸소 부딪쳐 터득해갔다.

# 국회로 가야 할 사람들이, 회사에서 '딴지'를 걸어온다면

기본을 지키면, 즉 성실한 자세와 좋은 성과로 일을 하면
어떤 원치 않는 분위기나 상황에도 흔들리지 않을 수 있다.
자신이 먼저 칼을 드는 것은 야비한 짓이지만,
상대의 칼에 맥없이 쓰러지는 것도 아마추어나 당할 일이다.

"나이도 어린 게……"

소위 나에 관한 뒷담화는 항상 이런 식으로 시작되었다고 한다. 누군가를 욕하는 사람들은 그 말이 당사자에게 전해진다는 생각을 못하는 모양이지만, 사실 거의 100퍼센트 본인 귀에 들어간다고 보면 된다. 그들 말대로 나는 그들에 비해 나이도 어리고, 여자였다. 하지만 그들은 나이나 성별과 상관없이 사람은 제각기 능력이 다르다는 것을 생각하지 못하는 것 같다. 뿐만 아니라 그들이 일하는 환경에 대한 정확한 분석도 부족한 것 같다는 게 내 생각이다.

어릴 때 우리는 진심으로 상대를 대하면 그것이 통한다고 배웠다.

학교에서 가르쳐주기를 남들이 알아주지 않아도 자신을 드러내기 전에 먼저 묵묵히 일하라고 했다. 일생 전체를 놓고 보면 이 교육이 옳을 거라고 믿는다. 하지만 회사에서는 아니다. 회사의 진실은 묵묵히 일하다가 모함에 빠지면 설 곳이 없어진다는 것이다. 그런데 이 진실을 알려주는 사람을 나는 아직 보지 못했다. 적어도 남성 위주의 한국 사회에서 일을 하려면 이 진실을 알고 대처법도 고민해봐야 한다.

권력에 대한 욕망은 일반적으로 여성보다 남성이 강하다는 것이 내 생각이다. 그러니 권력을 향한 그들의 방법론은 여성들이 미처 따라가지 못할 정도다. 어쩌면 남성들의 사회가 서열을 중시하기 때문에 비교적 빨리 이에 단련될 기회가 많았는지도 모르겠다.

그에 비해 여성들은 어떤가? 몇 가지 부류로 나눌 수 있다. 무시하거나, 대놓고 싸우거나, 무조건 참거나. 무시하는 여성들은 눈앞까지 온 승진의 기회를 포기하다시피 하고, 대놓고 싸우는 여성들은 회사 내의 시선에 시달리다가 짐을 싸곤 한다. 무조건 참는 여성들도 짐을 싸는 경우가 많고, 병에 걸리는 사람도 있다.

권모술수가 횡행하는 조직이라는 진실을 앞두고 이들의 공통점은 그것을 직시하지 않는다는 것이다. 어떻게 대처해야 할지 몰라서일 수도 있고 야망이 적어서일 수도 있다. 이유야 어떻든 부당함을 참고 자신의 능력을 펼칠 기회를 잃는다는 면에서 안타까운 일이다.

독일 본사에 가면 가장 편한 것이 복잡한 직급 체계가 없다는 것이다. 매니저, 임원, 최고경영자CEO 같은 몇몇 직급을 빼면 다 비슷하다. 물론 월급이나 책임의 크기는 다르지만 우리나라처럼 겉으로 드러나지 않는다. 그들의 문화가 지위고하를 막론하고 이름을 부르는 문화라서 그럴 것이다. 영어 자체가 상대에 따라 달라지는 언어가 아니라서 일에 대한 이야기만 담백하게 할 수 있다.

아우디도 한국에 오면서 직급 체계를 만들었다. 나 또한 한국 사회에 익숙하다보니 직급 문화에 대해서는 불만이 없다. 하지만 회사란 곳이 성과에 따라 직급이 있고 그만한 일로 그 자리에 올랐음에도 일과 상관없는 일로 사람을 모함하는 일이 벌어지기도 한다는 걸 알게 됐다.

나이 어린 여자. 우리나라의 모든 나이 어린 여자는 뒤에서 들리는 험한 말, 말도 안 되는 루머에 상처를 받을 것이다. 화가 나지 않는다면 이상한 일이다. 물정 모르는 어린애라면 당장 달려가서 말싸움이라도 할 텐데. 눈물 나고 억울하고 한 대 때리고 때려치우고 싶은 마음이 들 때 가장 먼저 해야 할 일이 있다.

'냉정을 유지하라.'

흔해빠진 말 같지만 이것만큼 어려운 일이 없다. 더 이상 감정적으로 대응할 나이는 지났다. 바꿔 말하면, 울컥하는 마음에 감정적으로 대하는 사람은 사회생활을 하기엔 아직 유치하다고 봐도 좋다. 그러니 냉정하게 상황을 다각도로 분석해야 한다.

사람들이 뒤에서 나에 대해 이야기를 하고 있다는 것은 일차적으로는 유쾌하지 않다. 억울한 일이다. 하지만 뒤집어 생각해보라. 앞에서 욕하지 못할 정도로 그들에게 나는 겁나는 사람이라는 뜻이다. 모여서 욕을 해야만 할 정도의 대단한 성과를 보이고 있다는 뜻이다. 내가 도대체 얼마나 대단하기에, 그들에게 얼마나 위협적이기에 비겁한 방식으로 나를 공격하고 있을까를 생각하면, 그들의 표적이 되었다는 것도 즐길 수 있을 것이다.

그런데 안타깝게도 많은 사내정치가 뒷담화로 끝나지 않는다. 당연히 해야 할 일에 협조하지 않고, 내가 진행하는 일을 터무니없는 이유로 지연시키곤 한다. 루머가 회사 담을 넘어 바깥에서까지 들리기 시작한다. 업계에 퍼지기 시작했다는 뜻이다. 이 정도가 되면 나는 도전으로 받아들인다. 그야말로 전쟁 시작이다.

이런 종류의 일은 본인만 묵묵히 일한다고 해결되지 않는다. 우선 일 자체가 진행되지 않기 때문에 피하려고 해도 피할 수 없는 상황인 것이다. 어쩔 수 없이 이 상황에 나도 발을 담가야 한다. 그러면 이제부터 칼을 휘두르면 될 것인가? 절대 그렇지 않다. 여기에도 분명히 지켜야 할 자세가 있다.

하나는 반드시 커다란 의미에서의 선의를 지킨다는 것이다. 그들이 내게 어떤 짓을 하든 나는 절대로 야비한 짓을 하지 않겠다는 것이 원칙이다. 야비한 공격에 야비하게 대응하는 것만큼 본전 못 찾는 일도 없다. 어디까지나 냉정을 되찾고, 목표가 일과 성과라는 것을 잊지 말아야 한다.

사필귀정, 참 재미있는 사실은 뒤에서 사내정치에 몰두하는 사람일수록 일을 못하는 경우가 많다는 것이다. 딴 데 신경 쓰느라 일에 허

점이 생기는 것인지, 무능해서 남 험담에 매달리는 것인지 알 수 없을 정도다. 그렇기 때문에 당연히 기회가 생긴다.

내가 제대로 일하고, 거기에 구설수에 대응할 수 있는 힘을 키운다면 두렵지 않다. 남 이야기 좋아하는 호사가들, 성과가 아닌 다른 것으로 승부를 보려는 이들이 있다면 더더욱 그들을 유심히 관찰하길 바란다. 그들의 말과 행동 하나하나를 세심하게 기억하라. 반격해야 할 때 완벽한 무기가 되어줄 것이다.

만일 당연히 협조해주어야 할 일을 미루어 나의 일이 진행되지 않는다면 공식석상에서 그 일을 언급하는 것도 방법이다. 그 프로세스에서 그 부서의 협조가 부족해서 일이 중단되어 있다는 것을 회의 등에서 강력하게 어필하는 것이 필요하다. 상위권자가 직접 그 사람을 압박하도록 만들 수도 있을 것이다. 회사에서 가장 중시하는 것은 일의 원활한 진행과 성과이니 말이다.

결정권자와 좋은 관계를 유지하는 것도 중요하다. 글로벌 기업에서 대부분의 결정권자들은 외국인이다. 외국인이 아니라 하더라도 일의 성과에 대해 정확하게 평가받는 시스템의 지배를 받는 사람들이다. 그렇기 때문에 그들과 좋은 관계를 유지하는 것은 쉬운 일이다. 한마디로 일을 잘하면 된다. 완벽한 일처리로 믿을 만한 직원이 되면 일 이외의 루머 등으로 그를 판단하는 경우는 없다. 그렇기 때문에 결정권자와 잘 지내는 것은 의외로 쉽다.

이렇게 기본을 지키면, 즉 성실한 자세와 좋은 성과로 일을 하면 어떤 원치 않는 분위기나 상황에도 흔들리지 않을 수 있다. 자신이 먼저 칼을 드는 것은 야비한 짓이지만, 상대의 칼에 맥없이 쓰러지는 것도 아마추어나 당할 일이다.

다시 한 번 말하지만 회사는 특별한 집단이다. 남에게 잘 보이려고 애쓸 필요도 없고, 남들이 욕한다고 슬퍼할 필요도 없다. 단지 나의 일이 제대로 진행되는 것이 중요하다. 사실 나 역시 사내에서 누구 못지않은 풍파를 겪어왔다. 어떤 시기에는 내가 잘못된 것이 아닐까 자책하기도 했다.

처음에는 어린 여자라고 편하고 만만하게 대하던 이들이, 나를 경쟁자로 생각하는 순간 늘 상처받는 일이 생기기 시작했다. 한동안은 상처를 받기만 했다. 나도 가만히 있지 말고 맞서자고 마음먹은 것은 오래되지 않았다. 조직 내에서 말단 사원이 정치라고 할 만한 일은 많지 않을 것이다. 동료들 사이에 문제가 생겼다면 반격할 수 있지만, 상사로부터 그런 일을 당한다면 실질적으로 그가 할 수 있는 일은 많지 않다.

나는 나의 영역이 확보될 때까지 참았다. 참는 것도 방법이라고 생각했다. 감당할 수 있는 위치가 될 때까지 참고 일에 매진하는 수밖에 없었다. 하지만 정말 치명적인 루머가 생겼을 때는 직접 그 당사자를 찾아가 확인을 하기도 했다. 그렇게 루머를 잠재운 적도 있다.

솔직히 말하자면 나는 우리나라의 회사라는 조직에서 일과 사내 정치의 비율은 7 대 3이라고 생각한다. 정치력이 없으면 해결되지 않는 지점이 분명히 있다. 일 잘하는 여성들이 그만한 위치에 오르지 못하는 이유 중 하나가 바로 이 정치력의 부재 때문이라고 생각한다. 자신이 정치의 소용돌이에 휘말렸다면 피해야 하는 사안인지, 맞서야 하는 사안인지 정확히 판단하길 바란다.

그리고 절대 잊지 말아야 한다. 행동하기로 했다면, 사내정치를 인정하고 받아들이는 진짜 이유가 무엇이었는지를. 일이 최우선이다. 일이 진행되지 않기 때문에 사내정치의 현실을 인정하고 해결하는 것이다. 개인적인 감정 따위로 움직일 필요가 없다.

## **일한** 만큼 생색내니, **돌 대신 상이 날아**오더라

글로벌 기업에서도 자기 PR는 기본적인 생존 전략이다.
회사 밖 사람들에게 회사의 물건을 팔듯이,
회사 안 사람들에게 나 자신의 능력을 판다는 마음으로 한다.
그렇게 하지 않으면 자신이 무엇을 갖고 있는지 조직은 알지 못한다.
조용히 있는 한 그 사람은 팔 것이 없는 사람이 될 것이다.

"그래프를 봐주세요. 2004년 아우디는 인지도와 명성, 어느 점에서도 최하위에 있습니다. 유럽에서 우리와 비교되는 BMW와 벤츠는 저 꼭대기에 있지요? 그래프를 계속 따라와주십시오. 2011년까지 가파른 산처럼 올라간 것이 보이시죠? 이 그래프는 아우디의 판매량이 늘어난 시점과 정확하게 일치합니다. 2010년에는 벤츠를 따라잡은 것도 보이실 겁니다. 여러분이 한국에서 아우디를 팔기 편하게 만든 것, 그것이 바로 저와 마케팅 부서가 한 일입니다."

1년에 두 번 딜러사 사장님들과 영업본부장 등 아우디코리아 임원들 간의 미팅이 있다. 그 미팅에서 나는 항상 아우디 본사에서 보내

온 내 실적에 대한 그래프로 발표를 시작한다. 대부분은 몇 년씩 함께 일한 분들로, 그분들은 매년 똑같은 이야기에 지루해할지도 모른다. 어떤 분은 같은 내용을 발표할 때 다른 서류를 보기도 한다. 하지만 나는 같은 발표를 멈추지 않는다. 조금씩 업데이트되긴 하나 매번 같은 이야기로 시작했고, 앞으로도 그럴 생각이다.

아우디코리아와 거의 역사를 함께한 몇몇 딜러사 사장님이나 영업사원들은 내가 어떤 일을 해왔는지 잘 알고 있다. 아우디라는 명차를 제대로 알지 못해 마지막에는 선택받지 못하고 계약이 무산되기 일쑤였던 시절, 직접 타보기 전에는 명차로서의 값어치를 이해하지 못했다는 이야기 등을 그분들은 너무나 잘 알고 있다. 처음 마케팅을 시작할 당시에는 일일이 설명하고 때로는 싸우며 행사를 진행했던 과정이 있었다는 것도, 아우디코리아의 성장에 마케팅의 공헌이 크다는 것까지도.

하지만 딜러사들은 도중에 사장님이 바뀌기도 하고 교체되기도 한다. 그런 경우 새 식구가 된 많은 이들은 원래부터 아우디가 유명했고 그래서 비싼 값에 팔리는 거라고 생각하는 경향이 있다. 그래서 마케팅 부서의 협조 요청을 귀찮아한다든지, 마케팅 예산을 아까워하는 일도 생긴다. 마케팅은 시간에 따라 효과가 나타나는 장기적인 것이기 때문에 그 과정을 지켜보지 않은 사람은 실감하기 힘든 분야일 수 있다. 어쩌면 낯 뜨거운 생색이라고 볼 수 있는 그래프 발표를 고집하는 이유다.

"이 일은 제가 했습니다. 제가 이렇게 칭찬받을 일을 했습니다."

우리나라 사람들의 정서에 참 안 맞는 행동이다. 자신이 한 일을 스스로 칭찬한다는 것이 얼마나 손발이 오그라드는 일인가. 하지만 회사에서 생색은 선택이 아니라 필수라고 생각한다. 겸손이 미덕이고, 자신을 드러내는 것이 흉볼 일이었던 전통사회는 참 편했다. 사람들로 가득한 회사, 팀으로 굴러가는 일들…… 나서서 말하지 않는 한 그 일을 누가 했는지 남들이 알아줄 리 없다. 심지어 아무것에도 기여하지 않는 사람처럼 보이기까지 한다. 그래서 서양 사람들은 이 생색에 그럴듯한 말을 붙여놓았다. 자기 PR.

우리나라는 물론이고 글로벌 기업에서도 자기 PR는 기본적인 생존 전략이다. 그렇게 쑥스러워할 일이 아니다. 회사 밖 사람들에게 회사의 물건을 팔듯이, 회사 안 사람들에게 나 자신의 능력을 판다는 마음으로 한다. 그렇게 하지 않으면 자신이 무엇을 갖고 있는지 조직은 알지 못한다. 조용히 있는 한 그 사람은 팔 것이 없는 사람이 될 것이다.

2010년 세계 20개국 정상이 모여 세계 경제의 당면과제를 논의하는 G20 회의가 서울에서 열렸다. 국제 행사에 앞서 한국에 들어와 있는 자동차 브랜드들은 G20 회의 의전차량이 되기 위해 각축을 벌였다.

"물론 아우디는 G20 정상회의보다 더 큰 국제 행사의 파트너였습니다. 다보스 포럼의 파트너이기도 하고, 워낙 좋은 차라는 것을 모두 이해하죠. 하지만 한국에서 의전차량이 된다는 건 다른 의미입니다. 한국 기업의 차가 우선인 것은 물론이고요, 외국 브랜드는 경쟁이 치열합니다. 한국에서 아우디의 인지도는 아직도 BMW, 벤츠보다 낮습니다. 그런데 이 두 브랜드가 의전차량이 되기 위해 파격적인 조건을 내놓고 있습니다. 그리고 어쩌면 미국 브랜드가 선택될 가능성도 있습니다. 한국은 유럽보다 미국에 더 가까운 나라니까요."

내가 본사에서도 말했듯이 아우디는 의전차량으로서의 위엄, 특별한 체어맨들에게 어울리는 우아함, 보안이나 안전에서 믿을 만한 기술력 등으로 세계적인 정재계 행사의 의전차량으로 쓰이고 있었다. 하지만 한국에서는 차의 성능이 문제가 아니었다. 세계적인 명차들이 앞다투어 경쟁을 벌이고 있는 상황, 결국 결정은 인지도에 달려 있다고 해도 과언이 아니었다. 솔직히 나는 아우디를 믿고 있었다. 워낙 차의 우수성뿐 아니라 그동안 의전차량이 되기 위해 노력한 시간도 다른 브랜드에 비해 결코 짧지 않았다.

하지만 나는 본사에 그렇게 말하지 않았다. 내가 아우디라는 차를 믿는 것과 본사에서 내 업무를 믿는 정도는 분명히 다르다. 내가 아무 말도 하지 않은 상태에서 아우디가 G20 서울회의의 의전차량이 되었다면 본사는 어떻게 받아들였을까?

분명 오직 아우디의 우수성 때문이라고 생각할 것이다. 해외 지사가 많은 글로벌 기업에서 일하는 사람의 어려운 점이기도 한데, 지사가 있는 수많은 나라의 문화, 미묘한 정치적 관계 등을 어떻게 일일이다 파악할 수 있단 말인가? 그렇기 때문에 과하지 않게 자신이 한 일의 맥락을 제대로 알리는 것이 필요하다.

2008년 나는 2년에 한 번씩 열리는 '아우디 커뮤니케이션 어워드'에서 상을 받았다. 59개국 마케팅 프로젝트 중 세 개의 프로젝트만 시상하는 자리로, 아시아 지역에서는 한국이 유일하게 수상했다. 나머지 두 프로젝트는 캐나다와 영국의 것. 좋은 반응을 얻은 것도 유럽의 프로젝트가 많았다. 그렇다면 유럽의 마케팅 프로젝트가 유난히 뛰어났던 것일까? 그 프로젝트의 심사위원으로 참석했던 내 눈에는 다른 아시아 지사의 프로젝트도 훌륭한 것이 많았다.

커뮤니케이션 어워드는 본사의 전 세계 마케팅 임원들과 지사의 마케팅 매니저 중에서 몇 명을 심사위원으로 위촉한다. 나는 한국의 뛰어난 인지도 상승에 대한 본사의 포상 형식으로 아시아인으로는 유일하게 심사위원으로 뽑혔다.

심사는 프로젝트 관련 영상과 자료를 보면서 심사위원끼리 토론을 하는 과정이었다. 그런데 프로젝트를 평가하는 시각이 아시아인인 나와 다른 심사위원들이 달랐다. 대부분 유럽인인 그들은 물량감이 있거나 조형적인 특별 이벤트, 길거리에 아우디 TT 조각상을 만들었다가 치우는 식의 게릴라 전시, 플래시몹 등에 큰 점수를 주고 있었다.

그러나 그것은 내가 보기에 아우디에 대한 인지도가 충분히 무르익은 유럽이나 미주 지역에서나 효과가 있을 프로젝트였다. 지사가 세워진 지 몇 년 되지 않은 지역이거나 문화 자체가 유럽과 정반대인 나라에서는 일시적인 효과 외에는 기대할 수 없는 것들이었다. 즉 유럽인의 눈으로는 절대 재미있어 보이지 않을 마케팅 프로젝트가 그래도 아시아를 조금은 아는 내 눈에는 보였다.

내가 출품한 프로젝트는 타워호텔 자리에 TT돔을 만들어 최고의 트렌드세터들과 함께한 2세대 TT의 론칭 파티와 광고 캠페인이었다. 한국에서 극찬과 함께 폭발적인 세일즈로 이어진 프로젝트였는데, 유럽 심사위원들은 별 반응이 없었다.

"파티? 그게 뭐 새롭나요?"

유럽에서 파티란 얼마나 흔한 일인가? 내 프로젝트가 그대로 묻힐 찰나, 나는 자리에서 일어났다. 파티라는 말 자체가 생소한 나라에서 외국 브랜드의 차를 론칭하기 위해 차의 타깃 고객이 될 수 있는 3000명을 모으는 일이 얼마나 대단한 일인지, 그것이 한국 사회에 어떤 영향을 끼쳤는지, 무엇보다 이 프로젝트가 끝난 뒤 차량 판매율이 어땠는지를 설명했다.

"그래봤자 몇천 대잖아?"

유럽에서 아우디가 가장 많이 팔린다는 영국 마케터의 말이었다. 1년에 거의 10만 대를 파는 영국 마케터가 보기에 한국에서의 아우디 판매량은 미미해 보였을 것이다. 하지만 나는 지지 않았다. 원래 유명한 차를 10만 대 파는 일보다 브랜드 인지도가 상대적으로 낮은 차를 제값 받고 1000대 파는 일이 훨씬 어려운 일임을 나는 증명했다.

첫 토론에서 내 프로젝트에 관심 없었던 심사위원들이 진지해졌다. 그리고 두 번째 심사 때 나는 3위로 커뮤니케이션 어워드를 쟁취했다. 유럽인들의 시각에 기가 죽어 아무 말도 하지 못했다면, 나는 상은커녕 다른 아시아 마케팅 프로젝트처럼 묻혀버리고 말았을 것이다. 약간의 불편함을 무릅쓰고 유럽 사람들과 토론을 벌인 것은 일차적으로는 내가 한 일에 대한 평가절하가 부당하다고 느꼈기 때문이다.

하지만 만일 그렇게 하지 않았다면 나는 두고두고 후회했을 것이다. 각 나라마다 각각의 특성이 있다. 그러나 글로벌 기업에 있다보면 그 기업 본사가 뿌리를 둔 문화권과의 문화적 차이를 이해하고, 그것을 넘어설 의지가 있어야 한다. 그것이 유럽권이라면 특히 그렇다. 유럽인들은 아직도 아시아를 잘 알지 못한다. 아시아인이 뭔가를 제대로 해낼 것이라고 기대하지도 않는다. 그러므로 글로벌 기업에서의 자기 PR는 문화를 이해시키는 투쟁이기도 하다.

G20 서울 정상회의 의전차량으로 사용되었던 뉴A8 모델 후면에
아우디 본사에서 특별 주문 제작한 G20 엠블럼이 부착되어 있다.
이 뉴A8 스페셜 에디션은 정상회의 종료 후 판매할 예정이었으나
행사 시작 전부터 고객의 문의가 폭주해 전 차량 34대 모두 예약이 끝났다.

| 3장 |

# 설렘부터 감동까지, 그 길고도 짧은 질주

© 홍장현

# 일과 진심으로 나를 감동시킨 최고의 프로들

나는 최고의 자리에 있는 사람들에게서 겸손함과 허물없는 태도를 배운다.
행사 내내 다른 음식을 먹게 해준 세계 최고의 셰프 피에르 가니에르,
최고의 피아니스트이면서도 다른 문화에 열린 마음을 가진 중국의 보물 랑랑,
일로 만난 사람들을 일로만 생각하면 삶은 삭막해질 수밖에 없다.

자미로콰이 공연 때 VIP 라운지가 무너진 뒤 가장 먼저 생각난 것은 연예인들이었다. 물론 다른 VIP들도 걱정이 됐지만, 만약 연예인들에게 문제가 생긴다면 그것은 보통 큰일이 아닐 것이다. 실시간으로 기자들이 기사를 써댈 것은 물론이고, 이들은 무엇보다 부상을 입으면 당장 일에 지장을 받는다. 많은 분들이 놀라고 찰과상 정도의 상처를 얻었다. 나는 그들에게 어떻게 사과해야 할지 막막했다.

이때 나서서 상황을 정리해준 사람이 배우 이정재였다. 당시 아우디 홍보대사이기도 했던 그는 동료와 후배들이 큰 부상을 입지 않은 것을 확인하고는 행사상의 사고이니 이쯤에서 덮어두자고 제안했고, 모든 분들이 그의 말에 따라주었다. 물론 그 후에도 우리는 참석했던

분들 모두에게 엑스레이와 CT 촬영 등을 권유해 작은 부상이라도 있을까 노심초사하며 책임지고자 노력했다.

하지만 이것은 어디까지나 사후의 이야기다. 사고 당일 나는 참담한 마음으로 공연이 끝나기를 기다렸다가 직원들과 함께 현장으로 돌아가 유실물 등을 찾고 그곳을 정리하고 있었다. 모두들 마음이 무거웠다. 그때 누군가 공연장을 찾았다.

"고생 많으시죠? 커피 드시고 하세요."

배우 장근석이었다. 2007년 아우디코리아와 함께 프랑스의 '르망 24시The 24 Hours of Le Mans' 레이스에 다녀온 이후 아우디코리아와도 나와도 관계가 돈독해진 친구이기는 했지만, 사후 처리를 하는 우리 직원들에게까지 마음을 쓸 것이라고는 상상도 못했다. 사고 때문에 경황이 없는 중에, 많은 VIP들이 도중에 돌아간 상황에서도 그는 자리에 남아 밤 11시까지 공연을 관람했다. 끝까지 자리를 지키는 것이 자신이 할 수 있는 최선이라고 생각했던 것이다.

그 전해에 장근석은 르망에서 자미로콰이의 제이 케이Jay Kay와 만난 인연이 있다지만, 사고로 썰렁해진 우리의 행사를 빛내주기 위해 그랬다는 것을 나는 알고 있었다. 그것만으로도 고마웠는데, 그가 새벽 1시에 커피 50잔을 들고 돌아올 줄이야. 11월의 쌀쌀한 초겨울 새벽, 무거운 마음으로 말 한마디 없이 정리를 하고 있던 직원들 모두 약속이나 한 듯 눈물을 글썽였다.

한국 나이로 겨우 스물둘인 한 청년의 이런 배려심이 흔한 것이라고 할 사람은 하나도 없었다. 그를 아는 사람들은 하나같이 그의 비범함을 말한다. 그의 어른스러움에 대한 이야기도 많이 들었다. 그 새벽의 배려심 또한 그 비범함 가운데 하나라고 나는 생각했다. 그는 이미 그전에도 나를 놀라게 한 일이 있다.

유럽 출장 중에 만나 함께 파리의 일본 식당에 갔을 때였다. 프랑스어나 일본어로만 주문이 가능하고 간혹 영어를 할 줄 아는 직원이 있는 식당이었다. 그가 제법 유창한 일본어로 주문하는 것을 보고 어찌 된 일인지 물었다.

"계속 영어, 일본어 공부를 하고 있어요. 언제일지는 모르지만, 일본에 진출해서 최고의 한류스타가 될 거예요."

당시 드라마 〈황진이〉를 막 끝낸 장근석은 유망한 루키이기는 했지만, 최고의 스타라고 할 수는 없었다. 한류도 지금 같은 형태는 아니었다. 일본에서는 일본 활동, 중국에서는 중국 활동, 한국과 일본에서 다 통할 수 있는 캐릭터는 그다지 많지 않았다. 그런데 그는 그때부터 자신에 대한 계획이 확고했다.

그 후로 5년이나 지났을까. 지금 장근석은 일본에서 최고의 스타가 되었다. 오리콘 차트 1위는 물론, 그가 표지모델로 등장하지 않는 잡지는 팔리지 않는다는 말까지 나올 정도다. 이 모든 게 나는 전혀 갑작스럽거나 놀랍지 않다. 그가 모두 스스로 준비하고 이룬 일이기 때문이다. 올해 8월 뉴 A6 행사 때도 일본 고객들을 위해 기꺼이 찾아와 자리를 빛내주기까지 했으니 이 고마운 인연은 날이 갈수록 깊어지고 있다.

나는 운 좋게 재능 있는 이들을 만날 기회가 많았다. 그들은 내게 영감을 주고, 일 관계를 넘어 친구가 되는 경우도 꽤 있다. 한때 인맥 관리라는 말이 유행했는데, 나는 과연 사람을 관리할 수 있는지 의문이다. 물론 직업상 '관리'해야 하는 부분이 분명히 있다. 하지만 관계란 결국 진심이라는 게 내 생각이다. 아무도 기대하지 않은 상황에서 스물둘의 청년 배우가 커피를 사들고 온 것 같은 그런 배려, 상대를 진심으로 아끼는 마음이 없는데 관계가 유지될 수 있을까? 나는 아니라는 쪽이다.

놀기를 좋아하고 새로운 라이프스타일을 제안하는 나의 성향과 문화 연예계 쪽 사람들의 성향이 많은 부분 일치한다. 그래서 말이 통하고 그들을 진심으로 이해한다. 대중은 알지 못하는 그들의 치열한 노력에 진심으로 존경을 보낸다. 그 치열한 노력과 고통을 알지 못하고 쉽게 그들에게 상처 주는 사람들이 미워 보일 때도 있다.

이런 마음이다보니 그들이 무슨 일을 하든 늘 응원하게 된다. 이런 것들이 쌓여 친구가 되는 것이라고 생각한다. 마음이 움직이는 대로 사람들에게 연락하고 만나다보니 마음이 가지 않는 사람에게는 너무하다 할 정도로 소원해지기도 한다. 하지만 일이 아닌 사람 간의 관계에서는 그것이 정상이라고 생각한다.

내 일의 장점은 좋은 사람, 훌륭한 사람들을 일부러 찾아가서라도 많이 만나야 한다는 것이다. 그들과의 만남에서 배우는 것이 책에서 배우는 것 이상 크다. 내게 가장 많은 것을 가르쳐주신 분은 잘츠부르크 페스티벌을 인연으로 뵙게 된 박종호 선생님이다. 그분의 삶 자체가 나에게는 가르침인데, 특히 끊임없는 열정으로 늘 배우는 자세에는 절로 고개를 숙이게 된다. 그분은 오페라 전문가다. 웬만한 오페라에 대해서는 다 알고 있다고 할 수 있을 텐데, 그분은 매년 잘츠부르크 페스티벌을 관람하고 한시도 공부를 놓지 않는다. 잘츠부르크 페스티벌에서 무대를 향한 그 반짝이는 눈빛은 학구열에 불타는 청년의 그것이었다.

아우디코리아가 출범하기 직전에 있었던 모터쇼 때 배우 이병헌이 보여준 모습도 잊을 수 없다. 아우디 A8는 내가 자동차 PPL(간접광고)이라는 것을 처음 시도했던 차종이다. 그때 드라마 〈올인〉에서 A8를 타고 아우디 홍보대사를 해준 배우가 바로 이병헌이다.

모터쇼 때 나는 아직 이것저것 시도하고 싶은 의욕은 많지만 노련하다고는 할 수 없었다. 그때는 모터쇼를 할 만한 공간이 많지 않았고, 아우디에 배정된 자리도 크지 않았다. 하지만 나는 어떻게든 특별하게 A8를 한국에 선보이고 싶었다. 그래서 낸 아이디어가 A8 공개와 함께 이병헌이 차문을 열고 밖으로 나오는 콘셉트였다. 기자들이 많이 올 테니 좀 더 화제가 될 수 있을 것이라고 생각했다.

모터쇼에서 자동차를 공개하는 방식은 단순하다. 자동차를 무대에 올려놓고 덮개를 덮는다. 워낙 전시 공간이 작기 때문에 다른 것을 할 여지가 별로 없다. 자동차를 제대로 보여주기 위해 스테이지가 빙글빙글 도는 것 외에는 특별할 것이 없었다. 그러니 그 안에서 이병헌이 나오면 얼마나 이슈가 될까, 생각만 해도 짜릿했다.

그런데 그날이 되자 생각지도 못한 변수가 생겼다. 적어도 2~3분이면 덮개를 열고 등장시킬 수 있겠거니 했는데, 현장이 예상과 다르게 돌아갔다. 사전 스피치가 길어지고 있었다. 속이 까맣게 타들어갔다. 무척이나 더웠던 날, 덮개까지 씌웠으니 아무것도 보이지 않는 캄캄한 차 안에서 에어컨도 켜지 못한 채 견디고 있을 톱배우를 생각하니 아찔했다. 중간에 덮개를 열 수도 없는 상황이었다. 아마 내가 좀 더 노련했다면 스피치가 길어질 상황까지 준비했을 테지만.

드디어 스피치가 끝나고 차의 덮개를 벗기는 순간, 나는 조마조마한 표정으로 운전석을 지켜보았다. 그런데 믿을 수 없을 정도로 예의 그 주변을 밝히는 '환한 미소'를 지으며 그는 밖으로 나와 손을 흔드는 것이었다. 사진기자들의 플래시 세례가 터졌다.

'오, 마이 갓……'

모두가 이병헌의 미소와 차에 주목하고 있을 때, 내 눈에는 완전히 젖어 있는 그의 셔츠가 보였다. 찜통 같은 차 안에서 아마도 그는 지옥 같은 10분을 견뎠을 것이다. 하지만 차 밖으로 나왔을 때, 아무도 그것을 눈치채지 못하게 하는 프로페셔널의 모습은 감탄 그 자체였다.

레이싱계의 스티브 매퀸[o], 딘도 카펠로도 잊을 수 없다. 우리나라는 모터스포츠가 일반화되지 않아서 그가 누구인지 모르는 사람이 많지만, 자동차 경주에 관심이 있는 사람들에게 그는 슈퍼스타다. 아우디코리아에서는 아우디 본사에 요청해서 그의 방한을 추진했다. 여러 절차를 거쳐 드디어 그가 내한했을 때, 우리는 만반의 준비를 하고 있었다. 그의 입국 시간이 아침이니 호텔 측에 체크인을 좀 빨리 해달라고 요청해두었다. 그런데 호텔 측 실수로 그의 체크인이 늦어지고 말았다. 일정상 얼른 쉬고 바로 기자회견에 가야 했다. 뒤늦게 사정을 알게 된 호텔 측에서는 사과의 의미로 방을 업그레이드해주었다.

그런데 뜻밖에 그가 나에게 전화를 걸어왔다. 방이 너무 넓으니 바꿔달라는 것이었다. 우리는 이해가 되지 않았다. 돈이 들어가는 것도 아니고 호텔 측에서 사과하는 마음으로 마련해준 방을 마다하다니. 그 정도로 그는 겸손하고 중심을 잃지 않는 사람이었다. 최고의 드라이버라는 찬사가 괜히 붙은 것이 아니었다. 차를 움직이듯이 자신을 컨트롤하는 능력이 뛰어났다. 가식도 없고 누구에게나 동등하게 대했다. 수많은 사람이 몰려들어 사인을 요구하고 사진을 찍자고 하는데도 단 한 번도 싫은 기색이 없었다. 한 사람 한 사람 대화를 나누며 사진을 찍고 사인을 해주었다.

나는 최고의 자리에 있는 사람들에게서 겸손함과 허물없는 태도

---

[o] 영화 〈르망Le Mans〉(1971)의 주연 배우. 〈르망〉은 르망의 숨 막히는 24시간 레이스를 다룬 영화로 레이싱 영화의 고전으로 손꼽힌다.

를 배운다. 사흘간의 행사 기간 중 내가 매일 같은 메뉴를 먹는 것이 마음에 걸린다며 다른 메뉴를 준비해준 세계 최고의 셰프 피에르 가니에르Pierre Gagnaire, 최고의 피아니스트이면서도 다른 문화에 열린 마음을 갖고 있는 중국의 보물 랑랑朗朗, Lang Lang, 진정한 아름다움에 대해 생각하게 해준 배우 장미희 선생님.

일로 만난 사람들을 일로만 생각하면 삶은 삭막해질 수밖에 없다. 기브앤테이크give-and-take. 어떤 사람들은 이 말을 나쁜 의미로 받아들이겠지만, 결국 모든 관계는 기브앤테이크라고 생각한다. 내가 무언가 줄 수 있어야 받을 수도 있다. 일에서 만난 사람들은 그야말로 이 원칙에 확실한 관계지만, 진심이 오고 가면 친구가 된다. 그리고 친구가 되지는 않더라도, 일의 수단이 아니라 존중하고 배려하는 자세로 대하면 모두가 내게 교훈 그 자체가 된다. 일과 삶을 동시에 살찌우는 그런 교훈 말이다.

# 우리도 **1년에 한 번은 고객이 되고** 싶다

어려운 일이 있을 때, 회사 사람들이 나를 믿고 응원해준다면
얼마나 힘이 나겠는가? 오며 가며 월급 받는 곳이 아니라,
이 회사의 일원으로서 대접받는다면 일할 때도
마음자세가 달라지지 않겠는가?
자신감과 적극성은 자기 회사에 대한 유대감에서 나온다고 생각한다.

아우디코리아의 연말 송년회는 시끌벅적하다. 모든 딜러사들, 임원진은 물론 영업사원들까지 함께 모여 딜러사별 장기자랑을 연다. 그런데 이 장기자랑이 장난이 아니다. 몇몇이 마이크를 들고 노래하는 수준이 아니라, 소녀시대나 마이클 잭슨의 안무를 완벽하게 재현한다. 난타 수준의 흥겨운 드럼 실력도 이 장기자랑에서는 많은 무대 가운데 하나일 뿐이다.

소문을 듣자하니 매년 7월 정도면 영업사원들이 장기자랑 준비에 돌입한다고 한다. 연예기획사의 안무 담당자를 초청해 안무를 짜는 것은 기본, 연습실을 빌리고 개인 시간을 내면서까지 연습을 한다고 한다. 연말, 딱 한 번의 무대를 위해 여름부터 비지땀을 흘리는 것

이다.

장기자랑에서 일등을 한 이들에게 돌아가는 회사의 포상도 포상이지만, 각 딜러사마다 경쟁이 붙어 사장님들도 일등을 할 경우 화끈하게 쏜다며 이들의 경쟁에 불을 붙인다. 이렇게 준비한 무대가 매년 최고 호텔의 그랜드볼룸에서 벌어진다. 2005년부터의 일이다.

"이 사람들이 한국 영업사원들이라고요? 거짓말, 이 사람들은 완전 프로페셔널 같아요!"

이 연말 송년회 영상을 본 독일 본사의 임원은 이들이 아마추어라는 것을 도저히 못 믿겠다는 반응이었다. 아우디 차를 판매하는 영업사원들의 노래와 춤과 악기 실력에 놀란 것이다. 솔직히 이 연말 송년회를 제안하고 시작한 나로서도 이렇게까지 반응이 폭발적일지는 몰랐다. 흥이 많은 한국인들은 역시 노는 자리에서의 열정이 세계 최고라고 생각했다.

"무슨 연말 송년회입니까? 그것도 그 좋은 호텔에서!"

"차라리 상품권으로 지급하세요. 호텔 밥 먹느니 그게 낫지."

무슨 행사를 하든 못마땅히 여겼던 2005년의 일부 딜러사 사장님들, 그분들에게는 호텔에서의 송년회도 생뚱맞은 일이라고 느껴졌을 것이다. 하지만 나는 다른 행사를 해나가듯이 송년회도 밀고 나갔다.

'늘 접대만 하는 영업사원들도 1년에 하루쯤은 제대로 대접을 받아야지.'

아주 단순한 생각이었다. 장기자랑 대회를 연다고 아우디에 가시적인 이익이 있을 거라고는 생각지 않았다. 다만 아우디코리아의 마케팅 담당자로서 일선의 영업사원들에게 소속감을 주고 싶었다. 패밀리 마인드, 사실 소속감은 여러모로 긍정적인 작용이 많다.

어려운 일이 있을 때, 내가 다니는 회사의 사람들이 나를 믿고 응원을 해준다면 얼마나 힘이 나겠는가? 오며 가며 월급 받는 곳이 아니라 이 회사의 일원으로서 대접받는다면 일할 때도 마음자세가 달라지지 않겠는가?

다른 업체 사람들과 만날 때도 나의 회사가 알려진 큰 기업이든, 무명의 작은 기업이든 자신감과 적극성은 자기 회사에 대한 유대감에서 나온다고 생각한다. 하지만 수입차 업체의 영업사원들은 다른 한국 기업에 다니는 직원들과는 달리 그런 마인드가 적었다.

그리고 또 하나 유달리 눈에 띄는 부분도 있었다. 그것은 영업사원들이 고객을 일대일로 만나는 사람들이고, 그만큼 '접대'의 현장에 있는 사람들이라는 것이었다. 회사에서 열리는 럭셔리한 행사 또한 오직 고객들을 위한 것이었다. 영업사원들이 함께 참석한다 해도 그들은 고객들을 살피느라 함께 행사를 즐기기가 힘들다.

1년에 한 번쯤은 그들도 '대접받는 날'이 있어야 한다고 생각했다. 아우디가 자신들이 일하는 브랜드이고, 자신들을 생각하고 있다는 것을 상기해주는 시간이 필요하지 않을까. 딜러사 사장님들 말씀처럼 상품권으로 나누어주어도 되는 일일 수 있지만, 나는 다른 식으로 그들을 챙겨보고 싶었다. 아우디코리아의 연말 장기자랑은 그렇게 시작되었다.

최고의 장소에서 최고급 식사로 그들을 대접하고, 그들은 자신들만의 축제를 훌륭하게 만들어가며 스스로 자신이 아우디인임을 자랑스러워한다. 처음에는 무턱대고 시작한 일이지만, 인재의 소중함을 알게 된 지금 내가 왜 그것을 시작했는지 분석해본다. 아무리 생각해도 그것은 세심하게 사람들을 돌볼 줄 아는 여성들의 일하는 방식에서 나온 것 아닐까.

사우디아라비아에서는 여성이 운전을 하다 사고로 죽으면 감히 여자가 운전을 했으니 죽어도 마땅하다는 기사가 나온다고 한다. 하지만 전 세계적으로도 그렇고, 우리나라에서도 자동차는 남성의 전유물이 아니었다. 우리나라 최초의 운전면허는 1915년 남성이 취득했지만, 여성의 기록도 뒤지지 않는다. 한국 최초로 여성이 운전면허를 취득한 것은 1919년의 일이었다. 21세기에도 여성이 운전하는 것이 말세의 증거인 양 호들갑 떠는 나라가 있다는 것을 생각하면 매우 진보적인 기록이다.

그런데 여성이 자동차 업계에서 일하는 것은 왜 그리 희귀한 일이 됐을까? 한국 기업은 물론 수입차 업계에서도 여성 인력은 드물었고, 남성들만의 영역인 양 텃세도 심했다. 처음 PR매니저로 출근했을 때, 나는 정말 죽을힘을 다해 그들 사이에서 살아남으려고 노력해야 했다.

자동차 업계는 남녀 모두에게 비전 있는 분야다. 특히 여성이기 때문에 더욱 잘할 수 있는 분야가 많다. 이겨내야 할 것은 단 세 가지다. 첫째는 회사라는 조직에 대한 이해, 이것은 자동차 업계뿐만 아니라 모든 조직에 해당하는 것이므로 여성들이 항상 경계해야 할 내용이다. 둘째는 오랫동안 남성들의 조직으로 꾸려져왔기 때문에 자연스레 생겨난 마초 문화, 셋째는 여성 스스로 제한을 두는 마음이다.

지금도 딜러사에 가면 고객 응대나 주문 접수 같은 서포팅 업무를 주로 하는 여직원들이 있다. 딜러사가 크지 않은 경우 여성 직원은 흔히 한 명을 두는데, 그중 한 친구가 눈에 띈 적이 있었다. 그녀는 나이는 어렸지만 언제나 묵묵히 일했고 일처리도 깔끔했다. 하지만 얼굴색이 늘 좋지 않았다. 듣지 않아도 내막을 알 것 같았다. 그녀는 회사에서 없는 사람이나 마찬가지인 대우를 받고 있었다. 마치 내가 처음 이 조직에 왔을 때처럼, 스스로 끼어들지 않으면 아무도 신경 쓰지 않는 상황이었을 것이다.

우연히 화장실에서 만났을 때 물어보니, 점심도 거의 혼자 먹고 회식이 있어도 그녀는 열외라고 했다. 남자 직원들이 그녀를 따돌린 것은 아니었다. 남자들만의 조직이다보니 회식 문화도 남자 위주로 돌아갔던 것이다. 하지만 그만큼 그녀는 무시당하는 느낌과 소외감에 시달리고 있었다. 이런 상황에서 회사에서 비전을 찾기란 쉽지 않았을 것이다. 단순 업무라 어쩔 수 없는 부분도 있었지만, 남자 직원들에게 열려 있는 출장 기회도 그녀에게는 해당사항이 없었고, 인사, 승진에서도 번번이 기회를 얻지 못했다.

"조금만 더 인내를 갖고 있었으면 좋겠어요. 참다보면 기회가 생길 거예요."

내가 그녀에게 해주었던 말은 진짜였다. 무엇보다 일을 성실히 하는 친구였기 때문에 그 시기를 견디면 다음 스테이지가 있을 것 같았다. 하지만 그녀는 결국 회사를 그만두고 말았다.

아마도 많은 여성들이 같은 고민을 하고 있을 것이다. 내가 이런 것까지 참으며 회사에 있어야 하는지 하루에도 몇 번씩 회의가 드는 시기가 분명히 있다. 나는 비전을 붙잡으며 그 시기를 견뎌왔다. 하지만 다시 생각해보면 비전이라는 것도 결국 자신이 만들어내는 것이다.

내가 담배까지 피우며 그들만의 리그로 뛰어들었듯이, 한번 덤벼보겠다는 마음도 있어야 한다. 그들이 밀어낸다고 밀려나 있으면 결국 견딜 수 없다. 다음 스테이지라는 비전도 그들만의 리그에서 흘러나오기 때문이다. 비전을 쟁취하기 위해서라도 남성들이 세워놓은 유리벽 안으로 뛰어들어야 한다. 그리고 비전을 붙잡고, 그것을 향해 한발 한발 지치지 말고 나아가야 한다.

이러한 마음의 준비만 되어 있다면 자동차 업계는 여성들에게 블루오션이다. 여성이 드문 업계라는 것 자체가 큰 기회가 아닌가.

'기계치인데 괜찮을까?' 남성은 물론 여성 자신들도 갖고 있는 선입견, 자동차 업계를 멀리하게 되는 이유가 바로 자동차는 최첨단 기계의 조합이라는 것이다. 하지만 나는 이제 기계에 대한 두려움이 없다.

"부장님, 콰트로의 할덱스Haldex 방식과 토센Torsen 방식의 차이가 뭔가요?"

자동차 마니아라는 남성들에게 기계에 대해 꼬치꼬치 따져들기 시작해보라. 대부분의 남성들도 슬쩍 자리를 피하려고 할 것이다. 자동차에 대한 지식이라는 것이, 남성들도 대부분 바위에 낀 이끼 정도라고 보면 틀리지 않다. 잠깐 그 부분만 걷어내면 의외로 얄팍하다. 아우디 본사는 신차가 나올 때마다 각 지사의 직원들에게 매뉴얼을 보내준다. 직원 대부분이 엔지니어가 아니기에 찬찬히 읽어보면 이해할 수 있는 수준으로 작성되어 있다. 남녀의 차이가 있다면 이 매뉴얼을 읽느냐 읽지 않느냐의 차이다. 이해하기 쉽게 설명한다면 이런 차이다.

클러치백, 핸드백, 토트백, 숄더백, 크로스백, 배럴백, 보스턴백…… 남성들은 여성들이 들고 다니는 가방의 종류가 이렇게 많다는 데 질릴 것이다. 자세히 알려고도 하지 않을 것이다. 하지만 여성들이라면 이게 어떤 가방인지 상세히 알고 있을 것이고, 모르는 것이 있다면 찾아서라도 알아내고 말 것이다. 자동차도 마찬가지다. 취향과 관심의 차이인 것이다.

이미 말했지만 자동차는 단순한 기계가 아니다. 기계로서의 자동차를 고민하는 것은 생산 엔지니어와 정비 엔지니어의 몫이다. 그리고 수많은 남성들이 패션 시장을 좌우하고 있듯이, 여성들도 기계 분야의 파워가 될 수 있다. 여성들 중에도 기계에 재능 있는 사람들이 많다. 독일 본사는 물론 우리나라에도 여성 자동차 엔지니어가 있다. 특히 정비 분야는 기계를 다뤄야 함에도 여성들에게 전망이 밝은 분야다. 정비 또한 결국 고객의 니즈needs를 세세하게 파악해야 하는 분야이고, 섬세한 여성의 마음으로 살펴줄수록 빛을 발하는 분야이기 때문이다. 홍보나 마케팅 분야는 더 말할 필요도 없다.

자동차 업계는 여성들에게 블루오션이다. 〈황야의 무법자〉 같은 서부 영화에서 볼 수 있듯이, 개척자에겐 기회만큼 도전하고 극복해야 할 문제도 많다. 싸워 이길 근성만 있다면 자동차 업계는 여성에게 무한한 기회의 분야다.

# 24시간 멈추지 않는 르망 레이스, 그 안에 인생이 있다

승리가 확정된 순간, 늘 무표정한 볼프강 울리히의 눈에 눈물이 맺혔다.
그 모습을 본 나도 눈물이 났다.
24시간을 달리는 그 모습을 보면 무언가 마음이 뜨거워진다.
르망 레이스의 하루, 그 안에 인생의 희로애락이 모두 담겨 있다.

나는 운전면허를 딸 수 있는 법적 나이가 되자마자 바로 면허를 땄다. 미국에 사는 또래 친척들은 거의 다 운전면허가 있었다. 우리보다 운전면허를 딸 수 있는 법적 나이가 어리기 때문이다. 또래 친척들을 만날 때마다 나는 운전하는 그들이 어찌나 부러웠던지. 운전을 하면 왠지 어른이 된 것 같은 기분이 드니까.

면허를 따자마자 아버지의 차로 연습을 했고, 나중에는 월급을 모아 소형차를 끌고 다녔다. 차를 좋아했지만 자동차 업계에서 일할 것이라고 생각해본 적은 단 한 번도 없다. 차와 이렇게 애틋한(!) 사이가 될 거라고는 그때는 미처 몰랐다.

아우디는 규정에 따라 임원들에게 매년 다른 모델의 차를 지급한다. 1년마다 다른 차를 탈 수 있으니 얼마나 좋으냐고 생각할 수도 있지만, 이 때문에 나는 1년에 한 번씩 차앓이를 한다. 차도 사람 같아서 정이 들고 나면 떨어지기가 힘들다. 내가 차에 특별한 감정을 품게 될 거라고 누가 상상이나 했겠는가.

나는 TT를 4년이나 탔다. TT1.8 터보 쿠페와 로드스터, TT3.2 콰트로, TT2.0 등. 하지만 컬러는 늘 블랙. 또렷하고 샤프한 디자인의 까만 TT는 나에게 자신감을 더해주는 차였다. 차를 지급받으면 나를 꾸미듯 차에도 간단하게 튜닝을 했다. 어느 곳에 두어도 알아볼 수 있는 나만의 TT로 단장을 하는 것이다. 이렇게 애지중지 데리고 다니던 차를 1년이 지나면 다시 회사에 반납해야 하니, '죽어도 못 보내'라는 노랫말이 절로 나온다. 마치 사랑하던 사람과 헤어지는 기분이니까. 반납한 차는 중고 시장으로 나가 새 주인을 만나게 된다.

어느 날 동네에서 길을 건던 중이었다. 오래전에 피치 못할 이유로 헤어진 첫사랑을 길거리에서 맞닥뜨린 기분이 이런 것일까. 나의 그 TT가 저 맞은편에 서 있었던 것이다. 반가우면서도 덜컥 다가갈 수 없는 그 묘한 감회를 무슨 말로 다 설명할까. 새 주인이 아마도 동네 사람이었던 모양이다. 격하게 포옹이라도 하고 싶었지만 흐뭇한 미소로 대신했던 기억이 난다.

자동차 회사에서 일하지 않았다면 차에 대해 남다른 느낌이나 인식을 갖지 못했을 것이다. 차가 자신의 삶에서 큰 부분을 차지하고 있다는 것도 깨닫지 못했을 것이다. 프랑스에서 1년마다 열리는 '르망 24시'에 가보기 전의 사람들처럼.

"무슨 자동차 레이스를 하루 종일 해?"

"24시간 동안 한 시간도 안 쉰단 말이야?"

"뭐 볼 것이 있다고 저 많은 사람들이 아무것도 없는 델 찾아오나?"

한국, 아니 대부분의 아시아 사람들과 마찬가지로 나도 가보기 전에는 똑같은 말을 했다. 도대체 24시간 동안이나 경주가 벌어진다는 것이 이해가 되지 않았고, 그 시간을 어떻게 지내야 할지 한숨부터 나왔다. 포도주 말고는 유명한 것이 없는 프랑스의 르망이라는 지방에 행사 일주일 전부터 찾아온 유럽 사람들, 트랙 주변에 텐트를 쳐놓고 설레며 기다리는 사람들을 이해하기 어려웠다.

르망 24시는 1923년에 시작된 유서 깊은 자동차 레이스다. 24시간 동안 경주차가 13.629킬로미터의 '라 사르트 서킷Circuit de la Sarthe'을 쉴 새 없이 돈다. 24시간 도는 거리의 총합은 대략 보통 사람들이 차를 사고 나서 반년간 주행하는 거리다. 이 엄청난 레이스를 보기 위해 매년 25만 명에 가까운 유럽인이 프랑스의 시골 마을 르망을 찾는 것이다. 아우디 본사를 통해 르망 24시에 처음 갔을 때 우드스톡 페스티벌 같은 자유로운 분위기, 24시간을 달리는 자동차가 상징하는 최첨단 기술, 팀을 이뤄 경주를 운영하는 드라이버들의 끈끈함, 그리고 처절한 레이스 등 뭐 하나 신기하지 않은 것이 없었다.

매년 르망 24시에 출전하는 아우디는 각 지사의 VIP를 레이스에 초청한다. 이들을 위한 아우디 라운지도 준비되어 있는데, 넓은 화면을 통해 경기를 볼 수도 있고 맥주를 비롯한 간식이 준비되어 있다. 밤을 새워 경기를 지켜봐야 하기 때문에 빈백beanbag 같은 누울 수 있는 의자도 마련되어 있다. 또 옆에서는 레이싱 게임기로 가상 경주를 경험하기도 한다.

텐트촌에도 아우디만의 숙박시설이 있다. 이름하여 '레이싱 호텔'. 호텔이라고는 해도 막사나 다름없다. 군대 막사 같은 이곳의 좁은 침대에서 아우디의 슈타들러 회장을 비롯해 전 세계에서 온 귀빈들이 잠을 청하며 르망의 특별한 밤을 지낸다. 하지만 관객이 잠든 한밤중에도 경주차들의 레이스는 쉬지 않고 계속된다. 고독하지만 긴장을 늦출 수 없는 레이스를 이어가는 것이다.

2011년에도 '르망 24시'는 여느 해와 다를 바 없었다. 세 대의 경주차와 아홉 명의 드라이버, 애프터서비스AS 기술의 결정체를 보여줄 사령탑 피트의 기술자들, 모든 것을 총괄하는 아우디의 총감독 볼프강 울리히Wolfgang Ullrich.

달라진 것도 있었다. 아우디는 더욱 까다로워진 대회 규정을 만족시키기 위해 한층 강력해진 초경량의 탄소섬유를 주로 사용한 R18 TDI를 출전시켰다. 탄소섬유, 즉 카본 파이버 차체를 적용한 R18 TDI는 초경량일 뿐 아니라 강도 또한 최고 수준이어서 아우디의 새로운 자랑거리였다. 아우디뿐만 아니라 르망 24시에 참가하는 자동차 회사들은 최신 기술을 그들의 경주차에 적용한다. 사실 자동차 회사가 르망 레이스를 중시하는 이유는 새로운 기술을 시험할 수 있는 최적의 기회이기 때문이다.

경기가 진행되는 24시간 동안 자동차가 서킷을 도는 횟수는 400

회 내외, 올해 아우디의 주행거리가 총 4838.295킬로미터였고 지난해에는 5410.7킬로미터였다. 두 번 모두 우승 기록이다. 올해의 최고시속은 336.4킬로미터, 한 대의 차가 평균시속 300킬로미터가량을 유지하며 쉼 없이 전력질주를 한다는 것 자체가 최고의 기술력을 입증하는 것이다. 타이어를 교체하거나 차의 컨디션을 조절하는 등 각 사령탑의 피트에 머무는 시간이라고 해봐야 30분 내외, 나머지 24시간을 달려야 하기에 엔진에 자신이 없는 회사는 대회에 참석조차 할 수 없다.

하지만 아우디는 참가에 의의를 두는 것이 아니라 우승이 목표였다. 그리고 아우디는 올해 통산 열 번째 우승 기록을 세웠다. 그것도 매번 새로운 기술로 말이다. 모두가 가솔린 엔진을 쓸 때, 디젤로도 조용하고 빠르며 내구성 있는 경주용 엔진이 가능하다는 것을 증명한 것도 아우디였다.

특히 올해 아우디가 내세운 초경량 고강성 최첨단 기술은 르망을 통해 그 효과가 드라마틱하게 입증되었는데, 경기가 시작된 지 50분 만에 일어난 아찔한 사고 덕분이었다. 경기가 시작된 지 51분쯤 되었을 때 장내 아나운서의 비명 소리가 사람들을 서킷에 주목시켰다.

"으악, 믿을 수 없는 일이 일어났습니다."

"무사할 수 있을까요? 제발……"

아우디 R18 TDI가 산산조각 나고 있었다. 앞차를 추월하려다 서킷에서 튕겨나온 차는 타이어 방호벽에 부딪혀 겨우 멈춰 섰다. 경주차는 튕겨나왔고 타이어와 파편이 사방으로 날아갔다.

아우디의 총감독 볼프강 울리히의 무표정한 얼굴이 더욱 굳어졌다. 카메라가 잡은 그의 눈빛에 초조함이 가득했다. 안전요원들이 드라이버에게 달려갔다. 완전히 튕겨나왔다가 부서진 채 떨어진 경주차, 모두가 드라이버에 대해서는 최악의 상황을 떠올리고 있었다.

그런데 안전요원이 드라이버 좌석을 해체하자 아우디의 드라이버가 자기 다리로 걸어 나오고 있었다. 사고 자체는 끔찍했지만, 사고로 인해 아우디의 신기술이 얼마나 뛰어난지 보여주는 명장면이 되었다. 엔진의 부담을 줄이기 위해 가벼운 차체를 개발하기 위한 경쟁이 치열한 자동차 업계, 가벼움만이 아니라 안전성까지 갖춘 기술의 개발에 성공했다는 의미였다.

하지만 경주장의 분위기는 안 좋았다. 지난해에 이어 우승을 노리던 터라 팀의 분위기는 무척 긴장되어 있었다. 경쟁자인 푸조는 세 대의 차가 건재한 상태였다. 그 후 추월하고 추월당하는 레이싱이 열 시간 이상 계속되었다. 이미 다른 레이스에서는 상상도 못할 거리를 달린 뒤였지만, 르망에서 승패가 갈리기에는 아직 이른 시간이었다. 하지만 전속력으로 열 시간을 달린다는 것은 쉬운 일이 아니었다. 이미 많은 브랜드에서 고장차가 속출했다. 몇 대나 경주를 포기해 아웃된 상황이었고 나머지 차들만이 경주를 계속하고 있었다.

그리고 다시 여덟 시간이 흐른 즈음, 불길한 소음과 함께 서킷이 소란스러워졌다. 이번 사고 차량 역시 아우디의 것. 첫 번째 사고보다 더 끔찍했다. 탄소섬유 콕핏을 제외하고는 차의 모든 부분이 부서져 버렸다. 하지만 이번에도 드라이버는 걸어서 콕핏을 탈출했다. 이제 아우디의 차량은 단 한 대만이 남은 상황이었다. 밤이 가고 새벽을 지나면서 아우디와 라이벌 팀들의 경쟁이 더욱 치열해졌다. 설상가상 정오가 되기 전 비가 오기 시작했다. 경주 차량들은 피트로 들어가 타이어를 교체하고 다시 달리기 시작했다.

나는 매번 피트에서의 움직임에 감탄하곤 한다. 타이어를 교환할 때 심호흡을 해야 하는 나로서는 한 치의 오차도 없이 기계적으로 최단시간에 경주차의 타이어를 가는 기술자들의 손길이 사람의 그것처럼 느껴지지가 않는다. 피트는 단지 타이어만 교체하는 곳이 아니다. 르망 24시를 관전해보면 피트에서의 움직임이 경기의 승패를 가른다는 것을 알게 된다. 각 브랜드의 피트에는 날씨 예측 시스템을 비롯해 자동차 경주에 필요한 최첨단 장비가 구비되어 있다. 비가 오기 전에 이미 비가 올 것을 상정하여 레인 타이어를 준비해놓는다거나, 연료를 채우고 윈드실드, 헤드램프를 닦고 드라이버의 음료를 교체하는 것까지, 총감독이 이끄는 피트는 자동차 경주의 모든 것을 관장하는 명실공히 사령탑이다.

오후 3시, 길고도 긴 경기는 종료되었다. 올해는 더욱 길고 처절했다. 두 대의 경주차가 부서진 아우디 사람들의 마음은 더욱 그랬다. 하지만 올해도 아우디는 승리를 놓치지 않았다. 단 한 대 남았던 아우디 최신 기술의 복합체인 경주차가 라이벌 차들을 따돌리고 13초 854의 시간차로 우승을 거머쥐었다. 승리가 확정된 순간, 늘 무표정한 볼프강 울리히의 눈에 눈물이 맺혔다. 그 모습을 본 나도 눈물이 났다. 라이벌 팀인 푸조의 감독도 울고 있었다. 그는 프랑스인답게 눈물을 펑펑 흘리며 아쉬움을 표현하고 있었다. 하지만 감정이 가라앉자 볼프강 울리히를 찾아와 포옹을 나누었다. 아우디의 감독과 푸조의 감독은 최고의 라이벌인 동시에 최고의 친구다.

나는 모든 출장 가운데 르망 출장을 가장 손꼽아 기다린다. 처음에는 끔찍하게 지루할 것 같던 24시간의 레이스. 하지만 문화적 충격을 넘어서자 자동차라는 것이 사람에게 어떤 의미인지를 깨닫게 되었다. 밤새워 최고 속력으로 달리며 자신과 기계를 컨트롤하는 드라이버들의 집중력에 경외감을 갖게 된다. 직접 눈으로 보면 그야말로 눈 깜짝할 새에 소음만 남기고 사라지는 자동차들. 하지만 그 차들이 24시간을 달리는 그 모습을 보면 무언가 마음이 뜨거워진다. 르망 레이스의 하루, 그 안에 인생의 희로애락이 모두 담겨 있다.

Audi ultra
TDI

Audi ultra

france

ROLEX
ROLEX
ROLEX
LE MANS
1
2
3
ROLEX

# 달리는 자동차에서 심장을 느끼는 사람들

얼마나 뛰어난 레이싱을 가능하게 하는지를 보며
그들은 자동차에 대해 더 많은 것을 알아간다.
한마디로 유럽인들의 자동차 사랑이
'르망 24시'의 인기를 보여준다고 하겠다.
사랑하면 알고 싶은 것이 인지상정이니까.

똑같은 독일 본사에서 만든 아우디 차. 이 차가 유럽의 도로를 달리기도 하고 한국의 도로를 달리기도 한다. 그런데 어디로 가느냐에 따라 차의 운명이 바뀐다. 유럽으로 간 차에는 있고 한국으로 간 차에는 없는 것이 있다. 무엇일까? 답은 심장이다.

자동차에 심장이라면? 아마도 많은 사람들이 이것을 자동차에 동력을 공급하는 엔진이라고 생각할 것이다. 하지만 여기서 말하는 심장은 의미가 조금 다르다. 독일 자동차 업계에 몸을 담고 아우디 본사를 견학하기 전까지는 나도 자동차의 심장에 대해 아는 바가 없었다.

최첨단 기술의 조합이었던 자동차를 따뜻한 심장을 가진 가족으로 생각하게 된 것은 전적으로 유럽 문화를 경험한 덕분이었다. 독일에서 새 자동차를 인수받는 날은 온 가족이 모여 그 순간을 기념하는 가족의 축제일이다. 아우디를 비롯한 유수의 독일 자동차 회사들은 본사에서 가족들을 위한 차량 인도식을 열어준다. 물론 신청한 사람에 한한 세리머니지만, 많은 사람들이 자동차 인도식을 신청한다.

자동차 인도식이 있는 날은 엄마, 아빠, 아이들, 한 가족이 기차나 비행기를 타고 아우디 본사에 온다. 차량을 고객에게 인도하는 공간은 비행기 격납고처럼 크고, 공항에서나 볼 수 있는 시간표가 걸려 있다. 모두 그 앞에 모여 '우리 차'는 언제쯤 나오는지 고개를 빼고 쳐다보는 풍경은 오랜 여행 끝에 돌아오는 가족을 마중하러 나온 공항에서의 여느 풍경과 비슷하다. 시간표에는 가족의 차가 나올 시간이 적혀 있다.

'귄터 씨의 아우디 A6, 2:00pm'

산부인과 분만실 앞에서 출산을 기다리는 가족들처럼 보이기도 하는 이 차를 인도받을 고객들은 설레는 마음으로 시간표에 적힌 자신들의 이름을 확인한다. 인도식 세리머니를 신청한 고객들은 통상 차량이 나오기 몇 시간 전에 본사에 도착한다.

본사에서는 고객들에게 인기 있는 패밀리 레스토랑의 무료 점심을 제공한다. 식사를 마치면 아우디 공장을 견학하고 자동차 박물관도 관람한다. 자동차 박물관은 4층 규모로 매우 크다. 박물관에는 클래식카부터 1920년 최초로 400킬로미터를 달린 차, 스포츠카 등 최근

까지 나온 차들이 전시되어 있으며, 군용차를 비롯해 역사적으로 중요한 차들이 전시되어 있다. 아우디 차를 보는 것만으로 자동차의 역사와 독일의 역사를 볼 수 있는 것이다.

박물관을 나오면 아우디 액세서리 가게가 있다. 자동차에 필요한 카시트와 발판, 휠 등이 있고, 아우디 카레이싱 선수들이 입었던 것과 같은 스포츠 점퍼, 열쇠고리, 아우디 미니카들도 있다. 이곳에서 아버지는 아이들에게 이제 곧 인도받을 차의 미니카를 선물하기도 한다.

맛있는 점심과 공장 견학, 박물관 관람, 자동차 액세서리를 구경하며 가족들은 차를 이해하고 한층 가까워진 느낌을 갖는다. 더불어 기대감과 설렘이 몇 시간 전보다 더 커진 것은 말할 필요도 없다.

약속된 시간이 되면 그 가족의 차가 드디어 인도대로 나오는데, 갓 나온 차를 바라보는 가족은 뛸 듯이 기뻐하고 당장이라도 달려가서 포옹하고 싶어 하는 눈치다. 그 시선이 참 따뜻하다. 아우디의 담당자들은 미리 나온 자동차 번호판을 가족이 보는 앞에서 달아준다. 빠르고 세심한 손놀림으로 나사를 조여 번호판을 장착하고 자동차 열쇠를 가족에게 건네주면, 가족이 함께 차에 올라타 비행기 활주로처럼 생긴 도로를 따라 아우디 센터를 나서서 그들의 집으로 몰고 간다.

처음 자동차 인도식을 보았을 때, 나는 유럽에서 자동차가 어떤 존재로 인식되고 있는지 알 수 있었다. 한국에서는 탈거리에 불과한 자동차가 유럽에서는 또 하나의 가족이었다. 가족의 일원이기에 특별한 절차를 거쳐 자동차를 인도받고, 가족 전체가 자동차를 아꼈다. 차를 인수하고 인도받는다기보다는 아이를 입양하는 느낌에 가깝다. 웬

만한 집 차고에 우리나라 카센터 정도의 공구를 갖추고 있는 이유도 알 것 같았다. 독일인들에게 그 많은 공구는 가족의 일원인 자동차에 대한 응급 의료 박스였던 것이다.

마케터로서 아우디 본사의 광고가 왜 그토록 아시아 시장에 어울리지 않는지 이해할 수 있는 기회도 되었다. '가벼운 알루미늄 차체, 5.2ℓ 직분사 FSI엔진 장착, 최고출력 525마력, 시속 100킬로미터 가속 3.9초.' 독일 본사에서 만든 광고 카피는 이런 식이었다. 주로 최고의 성능과 신기술 적용을 내세우는 콘셉트. 아우디는 독일 본사에서 전 세계에 방영할 광고 필름을 만든다. 그런데 아시아 쪽 홍보 마케터들은 광고에 대한 불만이 많았다. 나도 마찬가지였다. 한국 소비자들에게 어필할 수 없는 광고인데, 왜 그것을 이해하지 못하는지 알 수 없었다. 하지만 유럽과 한국의 자동차 문화에 차이가 크다는 것을 알게 되자 광고가 다를 수밖에 없는 이유도 이해가 되었다.

자동차를 가족의 일원으로 받아들이는 유럽인들은 자동차에 관한 지식이 우리보다 풍부하다. 아우디라는 브랜드의 높은 기술력, 프레스티지도 잘 알려져 있다. 그렇기에 유럽 소비자가 알고 싶은 것은 아우디가 내놓은 새로운 자동차의 업그레이드된 사양일 것이었다. 하지만 아우디가 아니라도 자동차 자체에 대해 잘 모르는 한국 소비자들은 기술적인 접근보다는 감성적인 접근을 해야만 했다. 아우디에 대한 이해가 전무하다시피 했던 시절은 물론, 인지도와 프레스티지가 어느 정도 오른 후에도 마찬가지였다.

나는 자동차를 지식으로 알기 힘든 환경이라면 문화를 통해 자연스럽게 느끼게 해주는 전략을 취했다. A8를 최고급 세단으로 알리기 위해 프랑스에서 와인메이커를 초청하고 미슐랭 스타 셰프인 피에르 가니에르를 초청한 것도 그러한 전략의 하나였다. 슈퍼카라고 할 수 있는 뉴 아우디 R8의 특별함을 보여주기 위해 호텔 수영장 위에 띄우기도 했다. 타깃 수요층의 마음을 파고드는 문화적 코드는 내가 한국의 고객들에게 아우디의 심장을 느끼게 해줄 수 있는 최선의 선택이다.

하지만 자동차 마케터로서 나는 우리나라에 유럽의 자동차 문화를 소개하고 싶은 욕심도 있다. 자동차를 단순한 수단으로 대하는 것이 아니라 진짜 자신의 일상을 함께하는 동반자로서, 나아가 가족의 일원으로서 심장이 있는 존재로 받아들일 수 있게 하고 싶다.

유럽에서는 자동차 경주가 매우 인기 있는 스포츠다. 세계 4대 자동차 레이싱 경기로 F1, WRC, 나스카NASCAR, 그리고 르망 24시가 있다. 앞서 살펴본 바와 같이 이중 르망 24시는 전 세계 자동차 애호가들이 가장 기다리는 대회다. 두 시간 안에 승부가 끝나는 F1과는 달리 르망 24시는 대회 이름처럼 24시간 쉬지 않고 경기가 지속된다.

24시간을 주행하는 자동차도 인상적이었지만, 색색깔의 텐트를 치고 야영하며 자동차 경주를 지켜보는 사람들이라니…… 그들은 자신이 응원하는 차, 혹은 자신의 우상인 카레이서가 운전하는 차를 지켜보며 가볍게 음료와 술을 마시고 음악을 듣고 차에 대한 대화를 나누었다. 레이싱 중인 자동차의 소음이 없다면 여기서 우드스톡 페스티벌이 열리고 있다 해도 믿을 광경이 벌어졌던 것이다.

'자동차가 저 사람들에게는 이렇게 대단한 존재구나.'

르망에서 나는 다시 한 번 우리보다 발전된 유럽의 자동차 문화를 배웠다. 우리나라에 들어온 첫 자동차가 대한제국 고종 황제의 어차御車라고 했던가? 우리나라가 최초로 만든 현대의 포니가 판매된 것이 1975년이니까 고유모델 자동차를 가진 역사는 40년이 안 된다. 유서 깊은 자동차 역사를 가진 유럽의 자동차 문화를 부러워하는 것은 때 이른 감이 없지 않지만, 르망에서 본 일본 경주팀과 그것을 응원하는 일본 사람들은 좋은 자극이 되었다. 나는 우리나라도 빨리 르망 같은 대회에 나올 수 있는 차를 만들고, 동시에 자동차를 사랑하는 문화가 정착되기를 바랐다.

아우디코리아가 출범한 이후, 나는 자동차 전문지 기자와 자동차 애호가인 유명인들을 초청해 매년 르망을 방문한다. 아우디 자동차의 우수성을 알리자는 취지가 제일 컸지만, 한편으로는 그 놀랍고 새로운 문화를 한국에 퍼뜨리고 싶은 마음도 컸다. 하지만 마음과는 달리 처음 반응은 냉랭했다. 국내에도 르망 레이스의 이름을 딴 자동차가 있음에도, 한국 사람들은 그런 레이스 페스티벌이 있는지도 몰랐다. 이름을 아는 사람들도 대부분 자동차 경주를 하루 종일 본다는 것을 이해하지 못했다.

자동차 레이스, 특히 르망 24시가 유럽인에게 인기 있는 이유는, 보통 차가 6개월간 주행할 거리인 5,000킬로미터를 하루 동안 쉬지 않고 달림으로써 자동차의 기술혁신을 확인하는 자리이기 때문이다. 새로운 엔진과 소재 등이 얼마나 뛰어난 레이싱을 가능하게 하는지를 보며 그들은 자동차에 대해 더 많은 것을 알아간다. 한마디로 유럽인들의 자동차 사랑이 르망의 인기를 보여준다고 하겠다. 사랑하면 알고 싶은 것이 인지상정이니까.

자동차는 기술이고 문화다. 유럽인들은 자신의 생활 속에 자동차의 자리를 만들었고, 그로 인해 자동차를 대하는 태도와 운전 습관이 성숙되었다. 나는 자동차 마케터로서 훌륭한 문화를 한국에 소개하고픈 사명감을 갖고 있다. 그리고 조금이나마 자동차에 대한 인식이 변하고 있다는 것을 느낀다. 2002년 월드컵을 통해 나는 우리나라 젊은이들이 새로운 문화를 무섭게 빨아들인다는 것을 알 수 있었다. 선진 자동차 문화도 마찬가지일 것이다. 자동차의 심장을 느끼게 되면 우리나라의 자동차 문화, 자동차 기술도 놀랍게 변할 것이다.

# 내가 **믿지 않는 세 가지, 스펙,** 스펙, **스펙**

계약직 직원을 주목하는 이는 많지 않았다.
그런데 놀라운 일은 그때부터 벌어지기 시작했다.
그는 사람과 서류는 별개라는 것을 내게 몸소 알려주었다.
그는 자신의 스펙에 무릎 꿇지 않았다.

그가 주로 일하는 공간은 주차장이었다. 마케팅 홍보를 담당하는 우리 부서에는 매체 기자들의 시승試乘과 드라마나 영화 등의 PPL에 사용할 시승차가 있는데, 이 차를 관리할 사람이 필요했다. 그는 시승차를 관리하는 계약직 직원으로 아우디코리아와 인연을 맺었다.

그의 최종 학력은 대학 중퇴였다. 공고 졸업 후 호주에 단기간 영어 연수를 다녀온 것이 서류상에 나타난 '스펙'의 전부였다. 일반적으로 외국계 기업의 마케팅 부서 담당자들과 비교할 수 있는 경력은 아니었다. 아직까지 우리 사회에서 대학을 나오지 않으면 취업할 때 여러 가지 불리한 점이 많은 것이 사실이다. 마이스터Meister, 장인의 전통이 살아 있는 독일계 기업에서 일하는 나로서는 참 안타까운 경우가 많았다. 독일 본사에 가보면 엔지니어의 위치는 정말 대단하다. 아우디는 그들의 기술력을 존중함으로써 최고의 명차를 만들 수 있었고, 미래도 기술에 있다는 것을 잘 알고 있다. 그렇기에 기술명장에 대한 대우가 최고일 수밖에 없는 것이다.

하지만 우리나라는 기술이 기반인 사업에서조차 엔지니어의 학력이 중요하다. 마케팅 홍보 등 다른 부서에서는 말할 것도 없다. 그러니 모든 고등학생이 대학을 가려 하고, 대학에 가서는 이력서에 쓸 수 있는 각종 자격증을 따느라 바쁜 것이다.

이런 상황에서 시승 차량을 관리하기 위해 채용된 계약직 직원을 주목하는 이는 많지 않았다. 그런데 놀라운 일은 그때부터 벌어지기 시작했다. 그는 사람과 서류는 별개라는 것을 내게 몸소 알려주었다. 그는 자신의 스펙에 무릎 꿇지 않았다. 자신이 하는 일을 즐기고 항상 최선을 다했다. 흔히 성실함은 기본이라고 생각하지만 사실 성실함만큼 귀한 자질도 드물다. 마음을 다해 최선을 다하는 사람은 언제나 눈에 띌 정도로 보기 드물다. 주차장에 주로 머물고, 일주일 동안 두어 번 마주치는 것이 전부인 나의 눈에도 보일 정도로 그의 성실함은 빛났다.

시승 차량은 대략 스무 대. 차량이 주차되어 있는 지하에서 그는 혼자 일했다. 사무실에 상주해야 하는 업무가 아니기 때문에 소위 '땡땡이'를 치려면 얼마든지 칠 수 있었을 것이다. 그런데 그는 한결같았다. 시계처럼 정확했고 완벽하게 일했다.

일단 차를 좋아하는 것이 눈에 보였다. 누가 보든 보지 않든, 어린

애 돌보듯 차를 관리했다. 차가 시승용으로 나갔다 오면 청소하는 것은 기본이고, 기름을 꽉 채워 언제 밖으로 나가든 문제없이 해놓았다. 뿐만 아니라 수리할 곳은 없는지 늘 꼼꼼히 살폈다. 매뉴얼과 차를 비교해가며 차량 종류별로 공부해두었다가 시승기를 쓰기 위해 기자가 오면 차에 대해 자세한 설명을 곁들였다.

어느 날 처리할 일이 있어 새벽같이 회사에 나갔다. 무척 이른 시간이었는데 뜻밖에도 사무실에 그 친구가 이미 출근해 있었다.

"이렇게 일찍 나와서 뭐 해요?"

내가 의아해하자 그는 쑥스럽다는 듯 공부를 하고 있다고 했다. 그는 방송통신대학에 다니고 있었다.

"아우디의 정직원이 되어 일하는 것이 꿈인데, 대학을 안 나온 게 문제가 될 것 같아서요."

그의 말에 마음이 찌릿하니 찡했다. 그는 방통대 공부를 하기 위해 매일 새벽 6시에 출근하고, 밤에는 11시에 퇴근했다. 방통대 과정은 물론 틈틈이 영어도 공부하고 있다고 했다. 그가 참 귀해 보였다.

그동안 많은 사람을 겪었다. 면접을 하면서도 많은 사람을 보았고, 일하면서 부하 직원으로 동료로 사회생활에서의 인간상을 꽤 보았다고 생각했다. 그들 대부분이 좋은 대학을 나왔고 유학을 마친 사람도 꽤 있었다. 토익이나 토플 같은 영어 점수도 훌륭했다. 이른바 자격 조건에 대해서는 나무랄 데 없는 사람들이 대부분이었다.

하지만 사람들을 겪으면서 서류상의 경력과 사람을 분리하는 버릇이 생겼다. 토익 점수가 만점이라고 해서 영어를 잘하는 것도 아니었고, 마케팅 이론에 뛰어나다고 해서 현장에서 사고를 덜 치는 것도 아니었다. 이런 일을 여러 번 겪다보니 서류는 그저 참고 정도만 할 뿐이었다.

참고로 말하자면 취업 조건은 나도 별로였다. 대학교 다니면서 영어 공부를 열심히 했지만, 자랑할 만한 수준의 고득점 토익 성적 하나 갖고 있지 않았다. 그래도 내 회화 실력은 영어 면접을 통과하는 데 어려움이 없었고, 외국에서 프레젠테이션을 하는 데도 문제가 없었다. 어학 성적이 화려한 친구들을 나는 완벽하게 믿지 않는다. 성적표상의 영어와 실제 영어 실력이 다르다는 것을 잘 알기에 그렇다.

영어도 결국 말인데, 프레젠테이션이나 외국 협상 자리에서 자신만의 의견이나 전략이 없다면 만점짜리 어학 성적이 다 무슨 상관이란 말인가? 상황을 파악하는 능력이나 문제를 해결하기 위한 아이디어가 없는 사람은 아무리 영어를 잘해도 업무상 큰 기대를 하기는 어렵다. 또 글로벌 마인드가 없어서 외국인의 생각을 이해하지 못하는 사람은 영어 실력이 아무리 뛰어나도 협상 상대가 될 수 없다. 즉 회사에서 제대로 일할 준비가 되어 있지 않은 사람은 영어를 아무리 잘해도 쓸데가 없다.

물론 일할 능력이 뛰어난 사람이라면 훌륭한 자격증과 경력이 분명 도움이 된다. 내가 인터뷰했던 한 친구는 최고의 조건을 갖추고 있었다. 영어 성적도 뛰어났고, 국내 MBA도 마쳤고, 대학도 남들이 다 부러워하는 곳을 나왔다. 사실 면접자 입장에서 이런 경력은 흔하다. 하지만 이 친구는 흔하지 않았다.

서류상 뛰어난 다른 사람들처럼 그녀 또한 이론에 뛰어났다. 하지만 대단한 이론을 알고 있는 친구들이 자신이 알고 있는 이론에 대해 떠들기 바쁜 데 비해, 그녀는 자신이 알고 있는 이론이 이론에 불과하다는 것까지 알았다. 현장에서 배울 준비가 되어 있었다. 무엇보다 타인에게 자신을 맞출 줄 아는 배려심이 있었다. 면접자의 언어에 맞춰 자신이 알고 있는 것을 상대방의 언어로 바꿀 줄 알았고, 면접하는 이의 다양한 직위에 맞게 존칭을 제대로 쓸 수 있는 센스까지 있었다. 그녀는 자신의 서류상 경력이 단순히 껍데기가 아니라는 것을 스스로 증명하고 있었다. 사람과 서류가 따로 노는 면접 자리에서 그런 사람은 정말 보석처럼 빛이 난다.

모든 스펙은 자신이 증명해야 한다. 서류에 쓰인 몇 줄의 증서로는 부족하다. 조건이 뛰어난 친구들이 놓치는 중요한 포인트다. '자격증 따고 인턴십 하기가 얼마나 어려운데, 뭘 또 증명하라고?' 이렇게 생각하는 순간 스펙은 참 아까운 쓰레기가 된다. 자신이 조직에서 의미 있는 사람임을 증명하고자 하는 근성, 헝그리 정신. 사실 조직에서는 그것이 더 우선이다.

회사의 남자 후배 중에 능력이 뛰어난 친구가 있었다. 모든 조건이 훌륭했다. 일도 잘하는 편이었다. 하지만 그에게는 근성이 없었다.

조직에서 조금만 트러블이 생겨도 짜증을 냈고, 결국에는 사표를 냈다.

"좀 더 버텨봐. 지금만 견디면 나보다 훨씬 빨리 승진도 할 수 있고 비전도 있는데, 왜 그만두려고 해? 아깝지 않아?"

그가 쌓은 것들이 아까워서 진심으로 그에게 충고를 했다.

"기다리면 기회가 있을 거라는 건 저도 알아요. 하지만 그렇게까지 해야 하는지 솔직히 모르겠습니다."

그는 이렇게 말하고 회사를 그만두었다. 물론 그의 능력으로는 어느 회사든 쉽게 갈 수 있을 것이다. 하지만 어느 회사를 가든 결국 같은 문제에 부딪히게 되어 있다는 것을 그는 아마 몰랐을 것이다. 매번 그것을 이겨내지 못한다면 그에게는 성장 가능성이 없다.

그 계약직 직원에게 나는 기회를 주었다. 마침 우리 부서의 정직원 자리가 비었을 때, 그에게 정직원 자리를 제안했던 것이다. 나로서도 모험이었다. 부서의 직원은 한정되어 있는데, 그가 제대로 일하지 못한다면 나에게 부담으로 돌아올 일이었다. 하지만 나는 그의 성실성과 발전하고자 하는 욕심, 노력을 믿기로 했다. 나는 내가 보증하겠다는 말을 하고 그를 채용했다.

그는 나의 기대에 완벽하게 부응했다. 그는 자동차에 대한 끊임없는 애정을 바탕으로 자동차 전문기자를 만나도 조금도 부족함이 없는 실력을 갖추었다. 배려나 센스, 사람을 대하는 기술도 훌륭했다. 자동차 전문기자들이 다른 회사의 담당자보다 우리 회사의 그가 더 좋다고 말할 정도였다.

내가 그로 인해 감동을 받았던 것은 세 달에 한 번 있는 회사 내 커뮤니케이션 미팅 때였다. 회사에서는 각 부서 간의 소통을 위해 각 부서의 업무에 대한 프레젠테이션을 한다. 외국계 회사이기도 하고, 직원들에게 교육 기회를 준다는 목표로 영어로 프레젠테이션을 하게 되어 있는데, 부서의 직원들이 한 명씩 돌아가며 차례대로 프레젠테이션을 하게 되었다. 드디어 계약직이었던 그 친구의 차례가 왔다.

부서 친구들이 모두 그를 걱정했다. 영어 공부를 한다는 것은 알았지만, 프레젠테이션을 할 정도의 실력은 아닐 것이라고 생각했던 것이다.

"괜찮겠어?"

"하겠습니다!"

그는 시원하게 대답했다. 그리고 프레젠테이션 준비에 모든 것을 쏟았다. 프레젠테이션이 끝난 뒤 그 자리에 있던 사람들은 모두 일어나 기립박수를 보냈다. 그때 들리던 그 우렁찬 박수 소리를 그는 잊지 못할 것이다. 내용을 다 외우는 것은 기본이고 영어로 농담까지 하며 최고의 프레젠테이션을 선보였다. 그의 업무 능력은 모두가 놀랄 정도로 빠르게 향상되었다. 그를 통해 나는 노력하는 사람은 반드시 보상을 받는다는 평범한 교훈을 다시 한 번 깨달았다. 그는 고향의 모교에서도 하나의 롤모델이 되어 있다고 한다. 한 사람의 노력이 여러 사람에게 비전을 줄 수 있는 것이다.

회사생활을 하면서 가장 중요한 스펙은 사람 자신이다. 조직의 생리를 알고, 사람을 배려하며 일을 해내는 능력, 그리고 무엇보다 성실성. 그것이 최고의 조건이다.

# 무한도전은 일상다반사, 할 수 있겠어?

하늘도 열심히 준비하는 우리 팀에 감동한 걸까.
며칠 뒤 극적으로(!) 비가 그쳤다.
하나둘 완성되어 드라이빙 그라운드가 그 위용을 드러내기 시작했다.
행사가 끝나고 나면 다시 철거될지도 모른다는 것이 안타까웠다.
어느 순간 신기루처럼 사라질 건물들, 그것을 위해 그간 얼마나 고군분투했던가.

축구장 네 개 정도는 너끈히 들어갈 넓이의 드라이빙 공간은 물론, 자동차가 지그재그로 놓인 여러 개의 핀을 통과하며 주행하는 '슬라럼slalom' 코스가 있어야 한다. 급출발·급제동 등을 시험할 수 있어야 하고, 60킬로미터 이상 거리의 도로주행도 가능해야 한다. 가까이에 최고급 수준의 국제 호텔이 있고 해외에서 도착하는 교통도 편리해야 한다.

"이런 데는 없어."

나의 미션 임파서블은 주로 손에 들어온 프로젝트가 불가능한 상황이라는 것을 깨닫는 데서 시작한다. 큰 규모의 행사를 하려고 하면 마땅한 공간을 찾는 게 제일 어렵다. 처음에는 걱정이 앞섰지만, 이제는 걱정부터 하지는 않는다. 틀에 박힌 행사는 원하지 않으니 당연히 따라오는 미션 임파서블이고 무한도전이라고 생각했으니까.

"이 일은 자넷의 팀이 적격입니다. 자넷이 하면 문제없을 거예요. 아니, 그 이상의 결과물을 보여줄 것입니다."

2011년 7세대 '뉴 A6' 신차 발표회를 한국에서 열기로 최종 결정되었을 때, 나는 기쁘면서도 이것이 또 하나의 무한도전임을 예감했다. 아우디가 전 세계를 상대로 신차를 선보이는 발표회를 한국, 아니 아시아에서 여는 것은 처음 있는 일이었다.

본사에서 직접 예산을 지원하는 국제적인 행사로 중국을 제외한 아시아 태평양 지역 8개국의 주요 고객, 언론인, 영업사원 등이 한국에서 아우디의 신차를 처음 경험한다. 2박 3일간 국가별로 정해진 날짜에 방한하는 일정인데, 우리 입장에서는 1660명의 중요한 손님을 치르는 셈이다. 거의 20일간 사소한 사고도 나지 않도록 긴장 상태로 지내야 할 상황이었다. 하지만 나는 그보다 더 큰 욕심이 있었다. 아시아 태평양 지역의 VIP 고객들이 한국을 방문하는 이 기회를 통해 아우디코리아의 위상을 높이고, 한국 문화도 체험하게 하고 싶었다.

아무리 아시아가 부상하고 있다 해도, 유럽인들은 아시아의 역량을 쉽게 인정하려 하지 않는다. 유럽 자동차의 신차 발표회는 전 세계의 고객과 영업사원들을 유럽으로 불러 발표하면 그만이다. 만일 아시아에서 어떤 행사를 해야 한다면 제일 먼저 생각하는 나라는 일본, 아니면 글로벌 기업의 헤드쿼터가 자리한 싱가포르 정도다. 그런데 세계 최초로 유럽 대륙을 떠난 신차 발표회를 한국에서 하기로 한 것이다. 가장 큰 이유는 한국의 A6 영업 실적이 세계 5위 수준이라는 데 있었다.

6세대 A6는 2004년 아우디코리아의 론칭과 맞추어 진행되었다. 2004년 빛과 음악, 아우디 A6가 공존하는 라이프스타일이라는 콘셉트로 신차 발표회를 열었을 때부터 A6는 유행을 선도하는 사람들의 차가 되었고 선망의 대상이 되었다. 국내 최고의 아티스트들이 A6에서 영감을 받아 만든 작품도 인구에 회자되었다. 플로리스트 이상일은 플라워 오브제, 패션 디자이너 정구호는 드레스, 모자 디자이너 유지니아 김의 칵테일 모자 등이 행사장을 채운 레이저 아트와 음악과 어우러져 A6를 오래도록 기억하게 만들었다. 신차 발표회 이후 A6는 한국에서 가장 잘 팔리는 아우디 차가 되었다.

A6의 신차 발표회는 물론, 이후 한국의 마케팅 활동과 인지도의 가파른 상승세를 지켜본 본사에서는 7세대 A6의 신차 발표회를 한국에, 나의 팀에 일임했다. 더불어 최초로 아시아 전역에 나갈 신차 TV 광고도 최초로 독일 본사에서 제작하지 않고 우리가 맡게 되었다. 이번 무한도전의 시작은 이 뉴 A6의 광고 촬영부터였다.

그간 독일 본사에서 만들어온 아우디 광고는 기술 위주로 구성되어 있어 유럽에서는 통했지만 문화가 다른 한국, 아시아에서는 어필하기 힘들었다. 더욱 감성적인 접근이 필요했고 프레스티지를 표현하기에 적당하지 않았던 것이다.

나는 아시아, 그것도 한국에서 광고 촬영을 하는 만큼 서울의 세련된 모습을 광고 속에 많이 담아내고 싶었다. 하지만 서울에서는 시원하게 달리는 주행신을 찍을 방법이 없었다. 원칙적으로 영화나 드라마를 위해 거리를 통제하는 것을 허가해주지 않기 때문이다(최근 한류 덕에 이례적으로 드라마 〈아이리스〉를 찍을 때 광화문 거리를 통제한 적은 있다고 한다). 결국 강남대로와 을지로 등지를 배경으로 일부 촬영을 소화하고 주행신은 인천 송도에서 해가 뜨길 기다리며 새벽에 깜짝 촬영하는 방법을 택했다.

TV로는 단 15초에 불과한 이 광고를 위해 우리 팀이 들인 시간은 3개월이었다. 기나긴 준비 기간과 일주일의 촬영. 그리고 '본사 수준의 퀄리티를 맞출 수 있을 것인가' '과연 아시아에서 만드는 광고가 아우디의 가치를 잘 담아낼 수 있을 것인가' 하는 여러 의구심을 뒤로하고 우리 무한도전팀은 첫 번째 미션을 'Great!'한 성적으로 완수했다. 이 TV 광고는 이후 한국은 물론 싱가포르, 말레이시아, 인도네시아, 대만 등 아시아 전역에서 방영되고 있다.

신차 발표회 개최 장소가 한국으로 결정되자 아시아 전역의 아우디 고객들의 반응도 좋다는 이야기가 들려왔다. 한류 때문에 모두가 한국 방문을 기대하고 있다는 것이었다. 특히 일본은 예약자가 넘칠 정도라고 했다. 내 머리에는 벌써부터 행사 일정이 시뮬레이션으로 숨 가쁘게 돌아갔다. 멋지게 해낼 자신감이 넘쳐났다.

그런데, 그런데 또다시 장소가 문제였다. 본사에서 여는 신차 발표회는 지사에서 여는 신차 발표회와 여러 면에서 다르다. 처음 세상에 선을 보이는 자리이므로 신차의 성능을 여러모로 뽐내는 자리가 필요한 것이다. 참여하는 고객들과 영업사원들이 직접 차를 타볼 기회도 제공한다. 또 멋진 풍광과 함께 드라이빙을 체험하는 기회도 있다. 한편으로는 영업사원들의 교육도 진행되고, 초청한 VIP 고객들을 위한 휴양 혹은 관광 프로그램도 포함된다.

이 말은 적어도 국제 자동차 행사의 기준에 맞는 장소가 있어야 한다는 말이다. 그리고 가까운 곳에 많은 인원이 콘퍼런스를 할 수 있고, 많은 인원이 동시에 투숙할 수 있어야 하며, VIP 고객이 불편을 느끼지 않을 정도의 호텔이 있어야 한다는 말이다. 게다가 그 주변 공간은 아름다워야 하고, 그 지역의 문화를 경험할 수 있는 핫 플레이스여야 한다. 하지만 딱 잘라 말해 우리나라에 그런 공간이 없었다.

자동차의 성능을 시험할 수 있는 트랙은 전남 영암에나 있었는데, 그 근처에는 고급 호텔은 물론 문화적인 시설이 턱없이 부족했다. 무엇보다 해외에서 오는 인원들이 가기에는 너무 멀었다. 경기도 화성과 용인에 있는 시설은 이용할 수 없는 상황이었다. 가장 중요한 장소 문제, 첫 번째 난관에 팀원들 모두 시작부터 기가 죽었다.

"괜찮아. 뭐, 없으면 만들면 되지!"

나는 사장님을 만나 사정을 말하고 트랙을 만들겠다고 말했다.

"대체 어디에?"

굳은 표정은 숨기지 못했지만, 사장님은 내가 그동안 어떻게 불가능한 일을 해냈는지 알고 있었다. 나는 그에게 송도의 땅을 보여주었다. 잡초가 무성한 황무지에 트랙을 만들겠다고 하자 사장님은 한숨을 쉬었다. 하지만 그곳에 트랙이 만들어지면 나머지 문제는 해결할 수 있었다. 송도는 인천공항에서 가까웠고, 호텔과도 가까웠다. 송도에서 영종도에 이르는 드라이브 코스도 아름다웠다. 무엇보다 서울과 가까워서 VIP 고객들의 관광도 문제가 없었다. 송도에 그런 드라이빙 트랙이 있었다면 너무나도 좋겠지만, 없으니 만들 수밖에 없었다.

"이번에도 장소가 애를 먹이네요."

팀원들이 이렇게 말했다. 사실 우리 일은 그야말로 시작이 반이었다. 장소 섭외가 어찌나 힘이 드는지, 장소 허가 팩스를 받고 나서 눈물이 난 적도 있을 정도였다. 그러다보니 나의 자랑스러운 무한도전 팀은 장소만 해결되면 그다음 일은 일사천리였다.

우리는 송도에 콘크리트를 깔기 시작했다. 국제 규모의 대규모 드라이빙 그라운드를 직접 만들겠다고 하자 모두들 믿지 않는 눈치였다. 하지만 나는 아랑곳하지 않고 트랙 옆에 뙤약볕이나 비도 피하고 시승 전에 차에 대한 프레젠테이션도 볼 수 있는 A6 파빌리온을 만들기 시작했다.

또 일이 너무 순조롭게 풀린다 했다. 아니나 다를까, 기록적인 폭우가 연일 쏟아지기 시작했다. 콘크리트가 굳어야 다음 단계의 작업도 진행할 수 있는데, 행사 시작일은 점점 다가오고 피가 마르는 기분이었다.

하지만 하늘도 열심히 준비하는 우리 팀에 감동한 걸까. 며칠 뒤 극적으로(!) 비가 그쳤다. 하나둘 완성되어 드라이빙 그라운드가 그 위용을 드러내기 시작했다. 이 모든 것들이 행사가 끝나고 나면 다시 철거될지도 모른다는 것이 안타까웠다. 어느 순간 신기루처럼 사라질 건물들, 그것을 위해 그간 얼마나 고군분투했던가.

2010년 4세대 A8가 한국에 소개될 때도 나는 그런 신기루를 세운 적이 있다. 새로운 모델이 발표될 때마다 신차 발표회를 준비하는 기간은 수개월에서 1년까지 천차만별이다. 본사에서 결정한 국제 행사였던 7세대 A6 발표회는 1년 전부터 준비했는데 이런 경우는 흔한 일이 아니다. 나는 4세대 A8의 신차 발표회 역시 1년 전부터 기획했다.

A8는 아우디가 자랑하는 엔진, 새로운 기술, 운전의 편리성을 갖춘 것은 물론, 콘셉트 자체가 '특별한 존재'를 위한 차다. 뒷좌석을 보면 이 말을 아주 쉽게 이해할 수 있다. 비행기 퍼스트클래스처럼 발받침이 있는 것은 물론, 최고급 마사지 시트가 장착되어 있다. 뒷좌석에서 모니터로 다양한 화면을 볼 수 있고 차에 대한 모든 컨트롤이 가능하다.

'특별한 존재를 위한 차, 특별한 존재.'

A8에 어울리는 특별한 존재를 찾는 것이 바로 나의 미션이었다. 위엄 있으면서도 젊은 감각을 유지하고 싶은 사람들, 그들의 라이프 스타일을 파악하던 나는 하나의 단어를 떠올렸다. '고메Gourmet'. 한 끼 식사에만 40만~50만 원인 고메 기행은 여유가 있어야 가능하다.

2000년대 후반, 서울은 미식가들이 탄생하는 중이었다. 전 세계 유명 도시인들의 가장 중요한 일상 가운데 하나가 바로 유명한 레스토랑 순례다. 뉴욕, 파리, 도쿄 등 멋진 도시의 트렌드세터들은 사냥하듯 멋진 레스토랑을 찾는다. 한국에서는 청담동 셰프 레스토랑에서부터 미식가 바람이 불기 시작했다. 하지만 진짜 미식가들을 위한 유명한 레스토랑은 아직 문을 열기 전이었다. 그런데 2008년 서울의 한 호텔에 피에르 가니에르의 레스토랑이 문을 열었다.

피에르 가니에르는 요리사들의 전설이며 살아 있는 요리의 역사라고 할 수 있는 사람이다. 요리사들은 그의 주방에서 일해보는 것이 꿈이라고 한다. 그는 미슐랭의 별을 세 개나 받았을 뿐만 아니라, 2008년 『르 피가로』에서 미슐랭 스타 셰프를 대상으로 조사한 '최고의 셰프'이기도 했다. 서울의 트렌드세터들과 미식가들에게 피에르 가니에르의 서울 레스토랑 개점 소식은 그 자체로 센세이션이었다.

나는 A8의 고객들이 바로 피에르 가니에르의 요리를 경험하는 사람들이라고 생각했다. 피에르 가니에르를 서울로 초청해야겠다고 생각했다. 나는 그 레스토랑을 찾아가 프랑스인 책임 요리사에게 그를 초대할 수 있게 해달라고 부탁했다. 그는 난색을 표했지만 서울 레스토랑의 성공에도 도움이 될 것이라는 말에 공감하며 피에르 가니에르를 설득하기 시작했다.

1년에 걸친 설득 끝에, A8 신차 발표회에 그가 고객들 앞에 서기로 했다. 단, 조건이 있었다. 호텔 주방을 행사장에 그대로 설치하라는 것.

케이터링은 호텔 주방 등 식당에서 요리가 된 상태로 행사장에 옮겨오는 것이 보통이다. 행사장에서는 데우는 정도의 조리과정만 있을 뿐이라 요리 때문에 힘든 일은 없었다. 하지만 이번에는 요리가 주인공이다. 세계 최고의 셰프는 케이터링으로는 요리의 질을 유지할 수 없다며 최고의 주방을 요구했다. 머리가 지끈거렸지만 특별한 행사를 준비한 만큼 제대로 된 주방을 만들겠다고 결심했다.

그리고 올림픽공원에 2010년 A8 행사를 위한 건물을 짓고, 그 안에 호텔의 주방을 재현했다. 피에르 가니에르는 이 주방을 보고 감동을 받았다. 기분파인 프랑스인답게 차마 요청하지 못했던 아우디에 대한 코멘트도 후하게 해주었고, 고객들 앞에서 요리에 대해 하나하나 친절하게 설명해주었다.

나의 예상은 적중했다. 여러 신차 발표회를 해보았지만, VVIP라고 할 수 있는 고객들이 그렇게 많이 모인 것은 처음이었다. 피에르 가니에르를 만나기가 그만큼 어렵다는 의미일 것이다. 피에르 가니에르의 요리만큼 특별했던 나의 불가능에 가까웠던 미션이 성공을 거두었음은 물론이다.

올림픽공원에 마련된 최고의 주방은 신차 발표회가 막을 내리면서 사라졌다. 그 주위를 지나갈 때마다 그때 기억이 떠오른다. 그렇게 어려워하며 해냈던 행사가 끝나면 허탈함도 느끼지만, 나는 내가 사람들에게 주고 싶었던 새로운 문화적 경험이 사람들의 마음속에 아직도 남아 있다고 믿는다. 내 무모한 도전이 계속 이어지는 이유가 거기에 있다.

| 4장 |

# 길 위에 있는
# 이 들 에 게

ⓒ 홍장현

# **친구** 따라 **클럽**은 가도 **회사까지 따라갈** 수는 **없다**

자신이 원하는 일을 끝까지 찾아가는 내구성 좋은 엔진,
이 방향이 아니라는 판단이 들 때 유연하게 방향을 바꿀 수 있는 핸들링으로
자신의 직장을 찾아가야 한다.
그것이 늦은 듯 보여도 가장 빠르게 성장하는 길이다.

어릴 때 꿈은 아나운서였다. 뭔지는 잘 모르지만, 텔레비전 뉴스 시간에 나오는 단아하고 똑똑해 보이는 여자 아나운서가 좋아 보였다. 고등학교를 거쳐 대학생이 되자 아나운서는 구체적으로 준비해보면 할 수도 있을 것 같은 꿈이 되었다. 하지만 커다란 재능을 갖고 태어난 사람들처럼 한 가지만을 바라보고 살지는 않았던 것 같다. 나는 근본적으로 똑같은 일이 반복되는 것은 못 참는, 늘 뭔가 재미있고 새로운 것을 찾는 아이였다. 한마디로 놀기 좋아했다는 말이다.

우리 사회에서는 논다는 것에 아직 부정적인 시선이 많은데, 나의 생각은 다르다. 세계를 돌아다녀보면 그 사회를 가장 빨리 알고 느끼는 데 노는 문화만큼 좋은 것이 없다. 그곳의 패션, 음악, 식도락 등을

통해 구성원들이 어떤 생각을 하며 무엇을 즐기려 하는지가 한 방에 다 보인다. 물론 내가 처음부터 그런 것을 다 알고 논 것은 아니다.

대학 시절, 젊은 세대를 부르는 신조어가 등장했었다(이제는 이 단어를 말한다는 것 자체로 '연식 나온다'는 비웃음을 당할 테지만). 우리 세대는 소위 'X세대'라고 불렸다. 무엇이 될지 알 수 없는, 기성세대가 이해할 수 없는 문화를 가진 세대라는 의미였다. 매체에서 다룰 때는 좋은 시선보다는 마땅찮은 시선이 많았는데, 그 안 좋은 시선에 노는 문화가 있었다. 현재 유행의 첨단을 볼 수 있는 곳이 클럽이듯, 당시 노는 문화의 중심에는 나이트클럽이 있었다. 대학교 1학년 때, 나는 낮에는 다른 학교 남자아이들과 미팅을 하고 저녁에는 친구들과 함께 나이트클럽을 갔다. 그런데 1년이 지나자 미팅도 나이트클럽도 시들해지기 시작했다.

그러던 어느 날 거의 1년 만에 일찍 집에 들어와 저녁에 텔레비전을 보는데, 9시 뉴스가 끝난 뒤 MBC에서 새로운 프로그램을 만든다는 광고를 보게 되었다. 대학생과 함께 만드는 프로그램인데, 프로그램에 함께할 대학생 인턴 PD를 뽑는다는 거였다.

'이거 좀 재미있겠는데?' 인턴 PD라는 말에 눈이 번쩍 뜨였다. 마음속에 오랫동안 간직하고 있었던 아나운서라는 꿈이 생각났다. 인턴 PD가 되면 멀어 보이기만 한 방송을 가까이에서 경험할 수 있을 것 같았다. 아나운서가 될 거라면 이것부터 경험해보는 것도 좋을 것 같았다. 나는 응모서류를 내고 결과를 기다렸다. 다행히 결과는 합격이었다.

막상 방송사에 가보니 나뿐 아니라 40명 정도가 더 뽑혀 있었다. 경쟁률이 엄청났다던데 운 좋게 그 안에 든 것이다. 방송국에서 기획한 프로그램의 이름은 〈TV 청년내각〉. 〈일요일 일요일 밤에〉가 시작되기 전, 일요일 오후 6시 황금시간대에 편성된 주철환 PD의 작품이었다. '내각'이라는 이름대로 포맷은 국회의사당 같은 무대에 대학생들이 패널로 앉아 있고, 그 대학생 중 몇 명이 의장이 되어 토론 테이블에 앉게 되는 시스템이었다. 대학생들과 함께 연극인 윤석화, 개그맨 고故 김형곤 씨 등이 함께했다.

나는 첫 회에 내무부 장관으로 뽑혀 토론 테이블에 앉을 수 있었다. 하지만 아무것도 준비되지 않았던 내가 카메라가 도는 상황에서 잘할 리 없었다. 결국 말 한마디 못하고 녹화가 끝났고, 다음 회부터 패널석으로 물러나 토론을 구경해야 하는 처지가 되었다. 그때 유명해진 친구가 탤런트 이훈이다. 그는 토론 테이블에서 활약을 했고, 팬레터도 받으면서 유명인이 되었다.

하지만 패널들 사이에 있던 나와 다른 친구들에게도 이 프로그램은 많은 것을 경험하게 해주었다. 일일 리포터가 되어 거리 인터뷰도 해보고, 조별로 할머니 분장을 하고 콩트 연기도 해보았다. 텔레비전에 나온 나를 알아보는 사람들이 생겼고, 좋은 친구들도 많이 만났다. 하지만 무엇보다 값진 것은 내게 진로에 대해 진지하게 생각하는 기회를 주었다는 점이다.

〈TV 청년내각〉을 통해 10개월간 방송 경험을 한 끝에 나는 아나운서의 꿈을 접었다. 당시는 지금처럼 연예인 소속사도 기업화되기 전이고 방송사에 여성 인력도 많지 않을 때였다. 그리고 인턴 PD를 뽑는 줄 알고 갔는데, 사실상 연기자들처럼 시키는 대로 말하고 참여해야 했던 경험이 방송에 대한 꿈을 접게 만들었는지도 모른다. 하지만 환경이 어떻든 판단은 스스로 하는 것이다.

'이런 구조 속에서는 일하기 힘들겠다.'

방송 경험을 통해 내가 내린 결론은 이것이었다. 남성 위주로 이뤄진 한국 사회의 축소판이랄 수 있었던 방송국은 업무에 따라 남녀 비율이 확연하게 차이가 나는 구조적 특성상 어린 내 눈에 내 능력을 마음껏 펼칠 수 있는 곳으로 보이지가 않았다. 내가 과연 이곳을 견딜 수 있을까 하는 의구심이 들었다.

이런 생각은 아나운서의 꿈을 접게 했을 뿐 아니라, 앞으로 내가 일할 직장에 대한 방향도 정해주었다. 세세히 아는 것은 아니었지만, 한국의 다른 기업들도 비슷한 구조일 것이라는 생각이 들었다. 여성이어서 안 되고, 여성이어서 앞으로 나아가기 힘든 구조. 일의 성과로 정당하게 평가받을 기회 자체가 희귀한 그런 구조.

'똑같이 능력이 있는데, 왜 그래야 하지?'

억울하다는 생각이 들었다. 나는 내 능력과 에너지를 일을 할 때만 쓰고 싶었다. 그 밖의 것들과 싸우느라 기진맥진하고 싶지 않았다.

한국 사회에서 일에만 에너지를 쓸 수 있는 조직이라면? 그렇다. 글로벌 기업이 떠올랐다. 대학 동기들 중 많은 수가 외국계 기업에 취업한 것도 어쩌면 우연이 아닐 수 있다. 당시 한국 기업은 뛰어난 능력을 지닌 여성들을 받아들일 준비가 되어 있지 않았는지도 모르겠다.

10개월간의 방송 경험을 끝내고 나니 3학년이 되었다. 아나운서의 꿈을 접자 어떤 일을 해야 할지 고민이 되었다. 면접을 하다보면 많은 사람들이 마치 이 일을 하기 위해 살아온 것처럼 말하곤 하는데, 나는 솔직히 그런 사람들의 말을 믿지 않는다. 일단 영어 공부부터 제대로 시작했다. 그러다가 한 권의 책을 읽게 되었다. 조안 리의 『스물셋의 사랑, 마흔아홉의 성공』이었다. 당시로는 흔치 않은 비즈니스 우먼의 책을 보고 나는 '홍보'라는 새 영역을 생각해보기 시작했다. 홍보라면 나도 잘할 것 같았다.

졸업 즈음, 친구들 중 많은 수가 외국계 은행에 갔다. 그렇지 않은 친구들은 국내 대기업에 취업했다. 하지만 나는 무조건(!) 글로벌한 일을 하고 싶었다. 나의 창의성을 발휘할 수 있는 글로벌한 일, 내 생각에 그것은 홍보였다. 나는 호텔 홍보 파트에 응시원서를 냈다. 하지만 생각대로 한 번에 합격하는 일은 벌어지지 않았다.

면접을 보고 합격 소식을 전해주는 곳도 있었고, 불합격한 곳도 많았다. 호텔 쪽에서 합격 소식을 듣기도 했다. 호텔의 꽃이라는 리셉셔니스트직이었다. 나는 가지 않았다. 신나게 일할 수 있을 것 같지가 않았다. 친구들은 하나둘 취업을 하고 있는데, 마음이 흔들리지 않았던 것은 아니다. 그래도 조바심에 섣불리 방향을 바꾸거나 급하다고 아무것이나 먹을 수는 없는 법이다. 역동적이고 창의적인 일을 할 기회가 있을 것이라고 믿었다. 그러던 중 기다리던 소식이 왔다.

노보텔 앰배서더 호텔에서 홍보직으로 면접을 오라는 것이었다. 마침 홍보에 대해 기본적인 공부를 하고 있었던 터라, 마지막으로 그것을 정리하고 떨리는 마음으로 면접을 보았다. 그리고 그곳은 나의 첫 직장이 되었고, 마케터로서의 삶이 시작되었다.

어느새 시간이 흘러 지금 나는 신입직원을 뽑는 자리에 있다. 취업 준비생들을 면접하다보면 안타까울 때가 한두 번이 아니다. 특히 자신이 무엇을 원하는지 확실하게 잘 모른다는 느낌이 들 때다. 다른 사람들이 좋다고 하는 길이 과연 자신에게도 좋을 것인지, 자신이 어떤 사람인지, 무엇을 원하는지 왜 진지하게 생각해보지 않는가. 취업 준비를 하느라 도서관에 틀어박혀 있는 시간보다 자기에게 집중하는 시간이 꿈으로 가까이 가는 데 도움이 될 거라 나는 확신한다. 내가 좋아하는 음악을 틀어줘서, 커다란 통유리창이 좋아서, 아니면 서빙하는 아르바이트생들의 '물이 좋아서'…… 등등, 클럽도 카페도 그렇게 꼼꼼한 눈으로 자신에게 맞는 곳을 고르면서 인생을 맡길 '회사'를 고르는 데는 그토록 무신경한지 신기하다.

사람에게는 누구나 에너지가 있다고 믿는다. 그 에너지는 자신과 잘 맞는 일과 만났을 때, 좋아하는 일을 할 때 극대화된다. 사람들은 외모, 취향, 성격 무엇 하나 같은 것이 없는데 일 취향이 같을 리가 없다. 자신이 가장 잘할 수 있는 일이 무엇인지 아는 게 그래서 중요하다. 자신이 누구인지도 모를 때 정한 꿈을 구태여 끝까지 붙잡고 늘어질 이유도 없다. 남들의 시선은 논외다.

자신이 안정만을 바라는 사람이라면 그런 쪽의 일을 찾아가도 좋다. 하지만 창의적이고 역동적인 사람이라면, 분명 아무 일에나 맞춰갈 수 없을 것이다. 자신이 원하는 일을 끝까지 찾아가는 내구성 좋은 엔진, 이 방향이 아니라는 판단이 들 때 유연하게 방향을 바꿀 수 있는 핸들링으로 자신의 직장을 찾아가야 한다. 그것이 늦은 듯 보여도 가장 빠르게 성장하는 길이다.

## **남자들이 군대**에 **갈** 동안 **여자들은 위문편지만** 썼나?

군대를 갔다 온 남자들의 강점은 조직을 조직으로 인식한다는 것이다.
이것을 의외로 머리로만 아는 사람이 많다.
학교에서 군대라는 새로운 조직을 겪어보지 못하고
바로 회사라는 조직으로 편입된 여성들은
여기서부터 버퍼링이 오래 걸리기 시작한다.

나의 팀원 중에는 여자보다 남자가 많다. 혹자는 여자의 적은 여자이고, 남자 상사보다 여자 상사가 여자 후배를 밀어주지 않는다고 말하기도 한다. 아닌 게 아니라, 높은 지위에 있는 여성들은 여자 직원보다 남자 직원과 일하는 경우가 많다. 하지만 과연 그들이 후배 여직원들의 적일까?

여직원과 남자 직원을 차별하는 걸까? 다른 사람들에 대해서는 단언할 수 없지만, 적어도 나의 경우만 보아서는 그렇지 않다. 그렇다고 내가 여자들에게 좀 더 많은 기회를 주려고 하는가 하면 그것도 아니다. 나는 남녀를 통틀어 일을 제대로 하는 사람들과 일하고 싶고 그들이 앞으로 나아가는 것을 보고자 한다.

그렇지만 여자 후배들에게 한 가지 조언은 할 수 있다. 이른바 알파걸이라 불리는 최고 능력을 가진 여성들, 출중한 능력을 지녔으면서도 조직에서 그것을 발휘하지 못하는 그녀들을 보며 안타까웠던 점을 이야기하고 싶다.

몇 년 전 경력직으로 매니저를 뽑은 적이 있었다. 서류상으로 그 자리에 딱 맞는 사람이었다. 인터뷰를 해보니 경력에 걸맞은 능력도 감지할 수 있었다. 걸리는 것은 단 하나, 그녀가 나보다 나이가 많았다. 나는 그동안의 경험 때문에 본인에게 나이 문제를 감수할 수 있는지 물었다. 대답은 '할 수 있다'였다.

하지만 정작 함께 일을 해보니 나이는 결국 문제가 되었다. 일 진행에서 보이는 문제를 질책하면 그녀는 쉽게 받아들이지 못했다. 그녀의 태도에는 나이 적은 상사, 자신보다 대단할 것 없는 상사와 함께 일하는 자신에 대한 자괴감 같은 것이 느껴졌다. 결국 그녀는 회사를 그만두었다.

나는 그녀를 겪으며 다시 한 번 뛰어난 능력을 가진 여성들이 왜 조직생활에서 고전하는지 생각하게 되었다. 같은 조건에서 왜 남자들이 더 잘 적응할까? 나는 비밀은 군대에 있다고 생각했다.

나는 군대 예찬론자는 절대 아니다. 여기서는 단지 군대에 다녀온 남자들이 왜 조직에 더 잘 적응하는지 말하고 싶을 뿐이다. 군대는 명령 체계로 움직이는 조직이다. 그렇기에 계급에 따라 무조건 순응하는 방식을 배운다. 사회에서 무조건적으로 순응한다면 문제가 되겠지만, 직장에서 그런 사람은 많지 않다.

군대를 갔다 온 남자들의 강점은 조직을 조직으로 인식한다는 것이다. 이 당연한 사실을 아는 사람이 의외로 많지 않다. 안다고 해도 머리로만 알 뿐이다. 특히 학교에서 군대라는 새로운 조직을 겪어보지 못하고 바로 회사라는 조직으로 편입된 여성들은 여기서부터 버퍼링이 오래 걸리기 시작한다. 때로는 과장이나 부장 같은 위치가 되어서도 조직의 특징을 간과해 헤매는 경우가 많다.

회사는 어떤 곳인가? 이익집단이다. 내 노동력을 제공하고 월급을 받는 조직이다. 내가 회사에 이익을 가져오지 못하면 언제든 그 책임을 물을 수 있는 곳이다. 그렇기에 내가 제대로 일하지 못하면 일이 사라질 수 있다는 긴장감을 늦춰서는 안 된다. 나아가 자신의 능력을 최대한 발휘해 회사에 가치를 더하고, 가치를 더한 만큼 그만한 대우를 받겠다는 생각도 해야 한다.

이익이라는 목적으로 모인 집단은 뭔가 자연스럽지 않다. 자연스럽지 않으니 편할 리도 없다. 군대를 다녀온 남자들은 회사가 학교나 집, 동아리 같은 친목집단과 다르다는 것을 금세 파악한다. 군대에서 나이와 상관없이 계급이 우선이듯, 회사에서도 지위가 우선이라는 것을 쉽게 받아들인다. 그런데 친목집단에만 익숙하던 여자들은 변화된 상황에서 갈팡질팡하며 헷갈려한다. 자신에게 익숙했던 공간을 떠나왔으면 의식도 변해야 하는데, 익숙했던 집단에서의 습관을 그대로 가지고 있다. 가장 심각한 것이 호칭 문제다.

'언니' '동생' '오빠' 등 친목집단에서나 들을 법한 호칭으로 부르는 사람들은 대부분 여자들이다. 호칭이 편해지면 한결 더 가까워지는 느낌이 든다. 여기까지는 괜찮다. 하지만 이 호칭 때문에 회사가 어떤 집단인지 혼동하는 이들이 적지 않은 것 같다. 함께 몰려다니며 누군가의 험담을 하기도 하고, 자신의 잘못을 남이 해결해주기를 수동적으로 기다리기도 한다. 때로는 근거도 없이 함께 다니는 선배 중 누군가가 자신을 이끌어줄 것이라고 착각하기도 한다.

하지만 자신을 견인하는 것은 스스로의 능력이지 다른 누군가가 아니다. 일에 문제가 생겼을 때 해결하는 것은 자신이지 친한 언니들이 아니다. 그것을 해결해주지 않았다고 남을 원망하거나 험담할 필요가 없다. 뭔가 잘못되고 있다면 회사가 이익집단이라는 것을 잊은 자신의 탓이다.

나는 오랜 기간 회사원으로 일하신 아버지 덕분에 비교적 빨리 회사라는 조직의 특성을 알 수 있었다. 아버지는 내게 종종 ○○○ 부장님, ○○○ 상무님 등 직장에서 불리는 직위들에 대해 알려주시곤 했고, 나는 어릴 때부터 조직의 피라미드를 머릿속에 지도처럼 그리고 있었다. 편안한 호칭 대신 대리님, 차장님으로 부르니 그 때문에 사람들과 쉽게 친해질 수는 없었지만, 대신 늘 경계할 수 있었다.

남자들이 회사에서 '형' '동생' 하는 경우는 아직까지 본 적이 없다. 그만큼 조직을 대하는 남녀의 차이가 크다. 남자 직원들은 자신이 왜 회사에서 돈을 받는지 비교적 잘 알고 있다. 직위가 나이에 앞선다는 것도 잘 안다. 조직의 생리를 아는 것만으로도 실수가 줄고 자신의 앞길을 뚫고 나아가는 데 많은 걸림돌이 사라진다. 스펙이 뛰어난 여자친구들을 면접할 때 마음에 들면 일부러 어려운 상황에서 일할 수 있는지 묻는다.

"특별한 행사가 있을 때는 며칠씩 야근할 때도 있는데 괜찮은가요?"
"막내니까 커피를 타야 할 상황이 생길 거예요. 할 수 있어요?"
"주말 출장도 갈 수 있죠?"

아직 회사가 어떤 곳인지 파악하지 못한 친구들은 순간이나마 얼굴에서 당황스런 빛이 드러난다. 인사권자로서 나는 그 잠깐의 순간을 놓치지 않는다. 집에서 공주처럼 자란, 학교에서 잘나갔던, 친구들 사이에서 늘 주목받았던 자신을 벗고, 회사라는 조직에서 일을 해나갈 준비를 마치고 취업에 나섰는지 아닌지 그녀들의 '애티튜드attitude'에 다 드러난다.

이 문제는 남자들에게서도 다른 형태로 드러난다. 대안도 없이 그 회사의 단점만 늘어놓거나, 자신이 들어오면 모든 문제가 해결될 듯이 호언장담한다. 자신의 인맥이 대단한 듯 자랑을 늘어놓기도 한다. 인사권자 입장에서 이렇게 허세를 떠는 태도 또한 불합격 사유다.

일단 회사라는 사회에 나왔으면 사회적인 인간이 되어야 한다. 면접을 하거나 일로써 사람을 만날 때 말 한마디, 시선 하나로도 그녀 혹은 그가 얼마나 준비된 사람인지 아닌지 알 수 있다. 면접을 볼 때 자신의 허세조차 다스리지 못하는 취업생을 보면 철들지 않은 어린애를 보는 느낌이다.

눈을 맞추지 못하는 취업 준비생도 마찬가지다. 특히 상대의 눈을 보지 못하는 사람은 자신감이 없어 보이고 상대에게 신뢰를 주지 못한다. 여성의 경우 그것은 두려운 상황에서 자기편을 찾으려는 아이의 그것과 비슷한 느낌을 주기도 한다. 친목집단에서는 그런 태도로도 구제받았겠지만 사회는 아니다.

회사는 매일매일 무언가를 쟁취해내야 하는 전쟁터 같은 곳이다. 당신이 인사권자라면 자신과 함께 전투를 치르기는커녕 보호하고 챙겨줘야 할 어린아이를 데리고 전장에 나가겠는가? 어떤 사람이 회사에 도움이 될 인재로 보일지 그것은 너무나도 자명하다.

## "아버지는 뭐 하시나?" 나더러 이런 아저씨들 사이에서 일하라고?

일할 사람은 나인데, 왜 나의 아버지가 뭐 하는 분인지 궁금하다는 것인가?
내가 그토록 피하려고 했던 것을 맞닥뜨린 기분이었다.
머리에서 아우디를 지워버리고 집으로 돌아왔다.
그런데 이상하게도 아우디가 자꾸만 생각났다.

수입차가 낯설던 2000년대 초반, 아우디는 싱가포르에 아시아 지역본부를 두고 있었다. 한국에는 G사라는 회사에 수입판매권을 주고 있었다. 아우디의 인지도를 제대로 알려줄 홍보 매니저를 찾기 위해 싱가포르 쪽에서 먼저 구인을 하기 시작했다. 그것이 내게까지 연결되었다.

버슨마스텔러에 있으면서 나도 한 회사의 홍보를 맡고 싶다는 생각을 하던 시기, 아우디의 구인 소식은 내게 다음 커리어를 생각하게 했다. 내가 이력서를 보내자 싱가포르에서는 나를 직접 인터뷰하기를 원했다. 하지만 여러 가지 사정이 여의치 않아 내가 직접 싱가포르에 가는 것은 불가능했다.

아우디 본사는 아우디 공식수입업체인 G사에서 나를 인터뷰하도록 했다. 그때까지만 해도 나는 저간의 사정을 알지 못했다. 나는 그저 아우디라는 매력적인 명차 브랜드, 외국계 회사에 뛰어들 수 있다는 생각에 즐거웠을 뿐이다. 하지만 첫 면접 질문에 나의 즐거움은 산산이 깨어졌다.

"아버지는 뭘 하시나?"

그곳 사장님의 질문에 순간적으로 떠오른 생각은 '여기가 정말 내가 찾던 곳일까?'였다.

면접이든 협상 자리든 첫 질문은 매우 중요한 것이다. 긴장을 풀어주는 것도 중요하지만, 서로의 목표가 명확한 상태에서 첫 질문이란 그렇게 화기애애하기만 해서는 안 된다. 면접자 입장에서는 그 질문이 상대가 자신에게 가장 궁금해하는 것이라 생각할 수 있기 때문이다. 그런데 가장 궁금한 것이 고작 이거……라니?

홍보 매니저를 하러 오겠다는 사람의 직업관까지 묻는 것은 바라지도 않았다. 적어도 그 사람 자체에 대한 질문 정도는 되어야 하지 않았을까? 일할 사람은 나인데, 왜 나의 아버지가 뭐 하는 분인지 궁금하다는 것인가? 그 질문 탓에 아우디에 대한 내 마음이 돌아서는 것 같았다.

내가 그토록 피하려고 했던 것을 맞닥뜨린 기분이었다. 면접을 보신 분들을 이해할 수 없는 것은 아니었다. 한국 기업에서 사회생활 대부분을 하신 분들이니 그런 질문이 자연스러울 수도 있었다. 면접을 잘 마무리한 뒤, 머리에서 아우디를 지워버리고 집으로 돌아왔다.

며칠 후 동종업계인 F사 면접이 기다리고 있었다. 좋아하기는 했지만 딱히 그쪽 일을 하리라고 생각한 적 없던 자동차 업계에서 인터뷰를 두 번이나 하다니, 운명인가 싶었다. F사 면접은 훨씬 기분 좋게 보고 나왔다. 면접관의 인상이나 회사 분위기가 훨씬 나와 맞아 보였다. 그런데 이상하게도 아우디가 자꾸만 생각났다.

수입차 초기, 당시 아우디는 지명도가 낮아 이 브랜드를 아는 사람이 적었다. F사는 한국 지사가 이미 자리를 잡은 상태였고, 차도 훨씬 잘 팔고 있었다. 가족회의에서 나는 고민을 털어놓았다.

"당연히 F사로 가야지."

"아우디가 어디 차야? 왜 이름도 없는 곳에 가서 사서 고생을 해?"

부모님, 작은아버지 등 가족 모두 F사로 가라고 했다. 가족들조차 알지 못하는 브랜드. 그런데도 나는 왠지 모르게 아우디의 가능성에 자꾸 끌렸다. 그러면서도 쉽사리 결정을 내릴 수 없었다.

여성 인력에 대한 열린 마음을 기대하기 어려운 그분들과 일을 한다는 게 생각만 해도 골치가 아팠다. 반면 F사는 그런 걱정은 좀 덜할 수 있을 것 같았다. 가족들 말대로 아우디에 가면 바닥에서부터 내가 다 만들어나가야 했다.

그런데 이상하게도 나는 그것이 매력으로 다가왔다. 아무도 모르는 브랜드의 가치를 내가 알고 있다는 것, 내가 알고 있는 이 가치를 한국 사람 모두에게 알리고 싶다는 욕구가 열정을 불러일으켰다. 하지만 불필요한 일들은 피하고 싶었다. 고압적인 분위기에서 분투하며 일하고 싶지 않았다. 그런 것들을 '이기기' 위해 얼마나 많은 힘이 들 것인가? 그 힘을 일에다 쏟아부으면 훨씬 더 훌륭한 성과를 보일 수 있을 텐데…… 면접 때의 분위기가 끝까지 나를 머뭇거리게 했다.

그때 나를 붙잡아준 분이 있었다. 당시 G사에 계셨던 박동훈 부사장님이었다(현재는 폭스바겐코리아 사장님이고, 수입차협회 회장님으로 활동하고 계신다). 나에게는 은인과도 같은 그분은 외국 생활을 오래 하셔서인지 생각이 아주 열려 있는 분이었다. 여성 인재에 대한 기대감도 있었고, 수입차의 성장 가능성에 대해서도 확신하고 계셨다.

"아우디의 잠재력에 대해서는 잘 알고 있습니다. 하지만 제가 여자라서 자동차 업계에서 편견이 많을 것 같아요."

나의 말에 박동훈 부사장님은 무슨 말이냐는 듯한 표정이었다.

"여자라고 자동차를 못할 이유가 없지. 홍보 담당 매니저로는 자네가 적격이야."

부사장님은 한국의 수입차 시장 규모가 턱없이 작다는 것, 앞으로 폭발적으로 성장할 수 있다는 이야기 등으로 내게 멀리 보도록 격려

하셨다. 그분이 말씀하시는 비전이 내가 생각하고 있던 아우디의 잠재력과 맞아떨어졌다.

나도 용감하게 최초의 무언가를 만들고 싶었다. 그것을 통해 끊임없이 진보하고 싶었다. 우아한 디자인과 확고한 실력이랄 수 있는 기술, 그것이 어우러져 빛나는 아우디 차의 아우라처럼 나 또한 그런 모습이고 싶었다.

나는 아우디에 가기로 결정했다. 주위 사람들이 미쳤느냐며 말렸지만, 그 정도로 이름 없는 브랜드였지만 나는 흔들리지 않았다. 문화가 한국 기업이나 다를 바 없는 회사에서 많은 일이 벌어질 것이라고 예상했지만, 아우디를 믿기로 했다.

회사는 사람을 뽑는다. 거기에는 아주 명확한 잣대가 있다. 회사에 이익을 줄 수 있는 사람, 회사를 성장시킬 수 있는 사람. 그런데 회사에 들어가는 사람들, 즉 취업자들은 그런 잣대가 없다. '뽑아주면 무슨 일이든 열심히 하겠습니다!' 이런 자세는 환영받을 수 없다. 사람은 일생의 대부분을 일하면서 사는데, 자신의 인생의 많은 부분, 어떤 시기에는 전체일 수도 있는 시간을 차지할 회사를 아무런 잣대도 없이 뽑는다는 것은 말도 안 되는 짓이다.

'회사를 뽑는다'는 말에 생경함을 느끼는 사람들도 있을 것이다. 취업도 힘든 마당에 어떻게 회사를 고르느냐고 말이다. 능력이 다양한 사람만이 회사를 선택하여 가는 것 아니냐고 말이다. 하지만 그것은 자신이 회사를 정하는 잣대가 자신의 인생과 상관없기 때문이 아닐까?

월급과 안정. 이 두 가지만으로 회사를 바라보면 당연히 선택의 여지가 좁아진다. 하지만 돈과 안정성, 그것으로 한 사람의 인생이 완성될 수 있을까? 돈이란 삶을 살아가기 위한 도구가 아닌가? 안정성이란 사실 두려움의 다른 말이다. 자신의 능력이 매력적이지 않아서, 즉 별 능력도 없고 발전시킬 마음도 없는데 월급은 계속 받아야 하니 언제 나가라고 할까 두려워하는 그런 재미없는 상황을 염두에 둔 마음이 아니냐는 말이다.

회사를 뽑는 잣대가 있어야 한다. 월급은 자신이 일한 대가여야 하고, 일은 자신의 인생에 의미가 있어야 한다. 일을 하면서 아무런 영감도 받지 못하고, 어떤 보람도 느끼지 못한다면 그 인생이 행복할 리 있겠는가.

나에게 회사를 선택하는 기준은 비전이었다. 사실 아우디를 선택하기 전까지, 나는 비전이 내게 그토록 중요한지 인식하지 못했다. 놀기를 좋아했고 어렸기에 비전보다는 나의 라이프스타일에 해가 되지 않는 것이 더 중요하다고 생각했던 것 같다. 하지만 아우디를 두고 고민을 하면서 내가 회사를 선택할 때 무엇을 가장 중시하는지 명확하게 알게 되었다.

그렇기에 눈앞의 어려움을 예상하면서도 비전을 선택했던 것이다. 누가 무슨 말을 해도 흔들리지 않을 정도의 확신이었다. 어째서 다른 사람들은 저 뚜렷한 비전을 보지 못하는지 고개를 갸웃거릴 정도로 튼튼한 비전이었다. 그렇게 튼튼한 비전이었기에 나는 예상보다 몇 배는 더 힘들었던 조직에서도 버틸 수 있었다.

자신에게 확실한 비전을 주는 회사, 그 회사에서 일하는 기쁨은 경험하지 못한 사람은 모를 것이다. 비전을 공유하는 회사에서 개인은 성장할 수 있다. 그러므로 나는 월급이나 안정성이 아닌 비전을 보고 회사를 선택해야 한다고 믿는다. 그것이 자신의 인생을 풍부하게 하고, 회사 또한 성장시킨다.

# 글로벌 기업에서 일하고 싶은 이들에게

아무리 열심히 일해도 평가를 예상할 수 없다는 것은
직장인에게는 최악이다. 글로벌 기업의 강점은
내가 예상한 결과가 회사의 평가와 거의 일치한다는 것이다.
일 이외의 조건이나 사정 때문에 결과와 상관없는
평가를 받을 수도 있다면 누가 일에 몰두할 수 있겠는가?

프랑크푸르트에 있는 전시관 '메세 프랑크푸르트'는 규모가 크다. 이쪽 전시관에서 저쪽 전시관까지 차로 이동해야 할 정도다. 이렇게 큰 전시관에서 2년에 한 번씩 세계적인 모터쇼가 열린다. 유명한 자동차 브랜드들은 거의 다 참여하는데 각 사의 CEO들이 직접 챙길 정도로 중요한 행사다. 전시회 첫날은 프레스데이Press Day로 역시 전 세계 매체의 자동차 전문기자들이 모인다. 아우디코리아도 매번 한국 신문기자들과 함께 이곳을 방문한다.

몇 년 전 프랑크푸르트 모터쇼에서 나는 상징적인 장면을 목격했다. 본격적인 프레스데이 행사 전, 끼리끼리 모여 자동차를 구경하거나 몇몇이 이야기를 나누고 있는 분위기 속에 갑자기 검은색 정장을 입은 남자들이 우르르 떼로 등장했다. 유럽인들 속에서 동양인의 검정 양복은 눈에 확 띄었다. 게다가 이들이 30~40명씩 떼로 모여 있으니 모두의 시선이 한곳을 향할 수밖에 없었다.

"A사 오너 아냐?"

한국 기자들이 웅성거리더니 밑으로 내려갔다. 아우디 차를 취재하기 위해 온 기자들도 마찬가지, 한국 기업의 오너를 취재하러 내려갔다. 아우디 라운지에 앉아 그 광경을 물끄러미 내려다보던 나는 '휴우~' 밑도 끝도 없는 한숨이 나왔다. 너무나 대조적인 모습이었다.

프랑크푸르트 모터쇼에 오는 CEO가 한국 기업만은 아니다. 아우디는 물론 BMW, 벤츠, 폭스바겐, 크라이슬러, 도요타 등등 세계 굴지의 자동차 회사 CEO의 모습을 모터쇼에서 볼 수 있다. 워낙 유명한 사람들이기 때문에 그들 주위에도 사람이 모인다. 아우디도 예외는 아니다. 담당자들은 보스가 공개석상에 나타나면 눈이라도 마주치기 위해 나름 긴장하고 있다. 그런 모습은 어느 나라, 어느 회사에서나 볼 수 있는 광경이다.

하지만 아우디나 그룹사인 폭스바겐의 경우 CEO가 움직이는 데 함께하는 사람은 수행비서 두 명밖에 없다. 경우에 따라 담당자가 한두 명 더 붙기도 하지만, 우리나라 기업의 CEO처럼 30~40명이 몰려다니는 경우는 없다. 기자들 말에 의하면 그들 중 20명 안팎은 경호원과 수행비서라고 했다.

아무리 중요한 인물이라고 해도 그 정도의 인원은 낭비가 아닐까? 외국의 CEO들은 자신이 얼마나 중요한 인물인지 과시하듯 수십 명씩 데리고 다니지는 않는다. 중요하기로는 다른 회사의 CEO들도 마찬가지고, 경호라는 면을 고려하더라도 이것은 굉장히 과한 인원이다. 한국에서부터 함께 온 수행직원들은 과연 반드시 필요한 일이 있어 보스와 함께 다니는 것일까? 나로서는 납득할 수 없었다.

글로벌 기업의 조직은 콤팩트하다. 조직의 인원은 최소화하고, 대신 협력사와 일을 많이 하는 시스템이다. 글로벌 기업이 경력자를 찾는 이유도 조직의 이런 특성 때문이다. 최소 인원이 최대한의 일을 해야 하기 때문에 꼭 필요한 경우가 아니면 자리를 뜰 수 없다. 하루만 자리를 비워도 밀리는 일이 줄줄이 사탕이기 때문이다. 목적도 명확하지 않은데 단지 최고경영자와 함께 가야 하기 때문에 자리를 비울 수는 없는 구조라는 것이다.

마음대로 자리를 비울 수 있다 하더라도 그로 인한 결과는 반드시 자신이 책임져야 한다. 그렇기 때문에 글로벌 기업의 직원들은 자신의 일과 결정에 신중할 수밖에 없다. 일로써 평가받는 시스템이기에 아무리 총수라 해도 그의 눈치를 보며 출장을 가야 할 필요가 없다는 뜻이다. 눈치를 볼 수는 있어도 결국 책임은 일에서 져야 하기 때문에 대부분은 일을 택하게 된다. 시스템의 힘이 그렇게 무서운 것이다.

흔히 글로벌 기업은 자유롭고 일하기 좋다고 하는데, 그것은 글로벌 마인드를 가진 사람에 한한 것이다. 글로벌 기업에서 일할 수 있는 조건은 무엇일까? 무엇보다 먼저 영어 능력을 꼽아야 할 것이다. 토플

이나 토익 점수가 아니라 말하고 표현하는 능력이다.

한때 나와 함께 일했던 직원은 국내 기업에서 온 친구였다. 그는 일도 잘했고, 글로벌 기업에서 일하고 싶은 마음도 컸다. 영어 면접 때 영어 실력이 걱정되었지만 토익 성적이 만점에 가까웠다. 무엇보다 꼭 글로벌 기업에서 일하겠다는 의지가 컸다. 나는 그의 열정을 높이 샀다. 토익 성적이 좋으니 영어는 극복할 것이라 믿었다.

하지만 일을 하다보니 그에게는 영어 울렁증이 있었다. 서류를 읽거나 일을 할 때는 문제가 없었지만, 외국인 상사와 의사소통을 할 때, 본사에서 전화로 뭔가를 처리해야 할 때, 프레젠테이션을 할 때, 영어가 계속 걸림돌이 되었다. 결국 그는 자신이 회사를 그만두고 국내 기업으로 다시 자리를 옮겼다. 영어로 말하는 능력이 부족하고 영어로 말하는 것을 두려워하는 사람은 글로벌적인 가장 기초적인 능력이 없다고밖에 할 수 없다.

영어는 울렁증만 아니라면 얼마든지 극복할 수 있는 문제라고 생각한다. 영어권 회사라 하더라도 지사의 외국인 직원에게 완벽한 영어를 기대하지 않는다. 아우디도 마찬가지다. 본사에서 각 지사와 일을 할 때 영어로 의사소통을 하는데, 영어는 독일인인 그들에게도 외국어다. 의사소통과 일에 지장만 없으면 영어는 큰 문제가 아니다. 실제로 나의 직원들 중에는 스스로의 노력으로 영어를 완성한 친구도 있다.

그렇다면 글로벌 기업에서 일할 때 필요한 마인드는 무엇일까? 나는 책임지는 자세라고 생각한다. 앞에서도 말했듯이, 글로벌 기업의 조직은 콤팩트하고 의사결정 구조도 단순하다. 국내 대기업에서 말단 사원이 어떤 제안을 했다고 해보자. 그 제안은 대충 '대리-과장-차장-부장-이사-사장'의 6단계를 거쳐 실행 결정이 날 것이다. 하지만 우리 회사는 단 두 단계만 지나면 된다. '이사-사장'. 글로벌 기업 대부분이 경력직을 찾는 이유가 바로 이것이다.

글로벌 기업은 협력업체와 함께 일하는 경우가 많다. 그렇기 때문에 각 직원들의 책임감이 중요하다. 협력업체를 선정하는 것은 모두가 함께 결정하지만 프로젝트의 일차적인 진행은 직원 한 명에게 맡겨지게 마련이다. 협력업체와 함께 의견을 조율해가며 일을 진행하고, 결과에 따른 책임을 져야 하는 사람이 바로 그 직원이다. 바로 일을 진행할 수 있어야 하기에 경력자가 필요한 것이다.

그런데 다른 모든 능력이 있음에도 이 책임감을 견디지 못해 회사를 떠나는 사람들이 있다. 특히 국내 대기업에 있던 사람들은 목을 조르는 듯한 압박감을 느낀다고 토로하기도 한다. 대기업은 조직이 크고 의사결정 과정도 단계가 복잡하기 때문에 어느 한 사람이 전체를 책임지는 경험이 많지 않다. 그리고 문제가 생겼을 때 조직원보다는 협력업체에 책임을 묻는 경우가 더 많다. 그런 것에 익숙한 사람은 글로벌 기업이 요구하는 책임의 범위가 부담이 될 수밖에 없을 것이다.

마지막으로 글로벌 기업에서 일할 때 필요한 것이 공정성 또는 투명함이다. 국내외를 막론하고 모든 기업에는 윤리규정이 있다. 이 윤리규정에 따라 일하라는 말이 처음에는 별로 어려울 것 같지 않다. 회사의 윤리규정이란 도덕군자 수준의 윤리를 원하는 것이 아니기 때문이다. 그저 상식 선에서의 규정만 지키면 된다. 한마디로 하라는 대로 하면 된다.

가령 어떤 행사를 진행할 때 한 사람당 비용이 50만 원 이내로 나왔다면 그 안에서 일을 진행하면 된다. 일로 인한 미팅 때 식사비가 5만 원까지 상한선이 있다면 그 안에서 해결하고 영수증을 첨부하면 된다. 협력업체를 선택할 때, 셋 이상의 후보업체를 선정하고 몇 명 이상의 직원이 지정된 평가항목으로 점수를 매긴 것을 합산하여 정하라는 매뉴얼이 있으면 그대로 업체 선정 공고를 내고 결정하면 된다.

공과 사를 구분하고, 일의 성과를 우선에 놓고 모든 것을 생각하면 어려운 일이 아니다. 불투명한 의사결정 하나가 회사 조직 전체를 흔들고, 사람에 대한 신뢰를 깨뜨린다. 그렇기에 투명성은 글로벌 기업 조직의 핵심이다.

내게는 이런 글로벌 마인드가 있다고 생각했다. 이런 나도 문화적 차이는 곤혹스러울 때가 있었다. 처음 독일 본사와 함께 의견을 조율해야 할 때, 그들의 피드백이 너무 직설적이고 짧아서 순간 얼굴이 화끈 달아올랐던 기억이 난다. 싸우자는 것인가 싶을 정도로 강경하게 자신의 의견을 개진하고 끝까지 밀어붙이며 토론하던 사람들이 회의가 끝난 다음에 아무렇지 않게 악수를 하고 결론을 짓는 모습이 많이 의아했다.

몇 년이 흘러 나도 그들을 진심으로 이해하게 되었다. 기계적이라 할 정도로 공과 사를 구분하는 그들이 공적인 일로 치열하게 말싸움을 한다 해도 사적인 감정은 없다는 것을 알게 되었다. 흔히 말하는 뒷담화도 없고, 사적인 부분에 대해 철저히 함구했다.

한국에서 평판이니 루머니 하는 것들로 사람들이 다치고 능력과 상관없는 평가를 받는 것을 본 적이 많다. 아무리 열심히 일해도 평가를 예상할 수 없다는 것은 직장인에게는 최악이다. 글로벌 기업의 강점은 내가 예상한 결과가 회사의 평가와 거의 일치한다는 것이다. 똑같은 결과를 냈는데도 남자니까 월급을 더 준다거나, 승진 평가 점수를 더 준다는 식의 불합리한 일은 벌어지지 않는다고 본다. 일 이외의 조건이나 사정 때문에 결과와 상관없는 평가를 받을 수도 있다면 누가 일에 몰두할 수 있겠는가?

그렇기에 합리적인 평가를 받기를 원하는 사람에게는 글로벌 기업이 더 큰 기회가 될 수 있다. 단, 스스로가 글로벌 마인드를 갖고 있어야 한다.

## **수십** 번 **수백** 번 **머릿속으로** 하는 **시뮬레이션**의 **힘**

출근한 뒤 생각하면 늦는다.
항상 준비되어 있어야 한다.
준비하지 않은 일은 성공할 수 없다.
이것이 첫 직장에서 내가 얻은 너무나 값진 교훈이다.

출근하는 몇십 분간, 지하철에 앉은 내 머릿속에서는 그날의 일정이 정리되고 있다. 체크리스트가 작성되고, 우선순위에 따라 위아래로 자리를 잡는다. 서류는 어디에 두었더라? 누구한테 협조를 구해야 하지? 오늘 보고할 일은 뭐지? 이 모든 게 깔끔하게 정리될 쯤이면 내가 내려야 할 역에 정차한다.

첫 직장 노보텔에 다니던 1년간 내 출근 시간은 다이어리 정리 시간이었다. 아니, 다이어리 복습 시간이라고 할까? 그날 할 일이 완전히 정리된 뒤 출근하는 것. 이건 첫 상사인 노보텔 홍보팀 팀장님의 가르침이었다. 항상 계획을 세워 일하고, 금요일에는 다음주 계획을 끝마치는 것이 기본이었다.

다이어리 작성은 금요일 오후에 하지만, 매일 아침 그날의 일정이 명확하지 않으면 불안했다. 출근하면 바로 일이 쏟아지기 때문에 생각할 시간이 없었다. 출근한 뒤 생각하면 늦는다는 교훈도 첫 직장에서 얻었다. 항상 준비되어 있어야 한다는 것, 준비하지 않은 일은 성공할 수 없다는 것이 신입 직장인인 내가 얻은 너무나 값진 교훈이었다.

사회에 나와서 하는 일의 레벨은 학교 때 공부와는 비교할 수 없을 정도로 난이도가 높지 않다. 의사나 교수 같은 전문직이 아니라면, 사회생활의 대부분은 상식의 범위를 벗어나지 않는다. 그런데 그 일에서 개인의 차이가 드러난다.

성실과 최선을 다했는가, 완벽하게 준비되어 있었는가, 향상되려고 노력했는가, 진심을 다했는가, 팀과 회사에 이익을 가져오려 애썼는가…… 이중에서 사람이 할 수 없는 일은 없다. 힘든 일을 남에게 미루려 하고, 스스로 책임지지 않으려는 마음이 생기는 순간 이 상식적으로 쉬운 일이 어려워진다.

나는 크고 작은 행사를 많이 치렀다. 대부분은 VIP를 대상으로 한 행사들이어서 작은 실수도 용납되지 않았다. 나는 실수를 한 적은 있어도 실패를 한 경우는 별로 없다. 타깃 고객을 찾는 일에서부터 행사의 콘셉트를 정하고 협력사와 장소를 선택하는 일까지, 대부분 만족할 만한 결과물을 얻었다. 우리 팀원 중에는 예측할 수 없는 돌발 상황에 대처하는 나를 보고 내게 신기神氣가 있다고 한 친구도 있었다. 경험의 결과일까? 내 생각에는 준비의 힘이다.

나는 거의 언제나 자료를 모은다. 회사에 있을 때는 물론 집에서 쉴 때도, 친구들과 놀 때도, 미용실에서 내 차례를 기다릴 때도 늘 서칭을 한다. 각 분야의 전문가들과 미팅을 하는 것도 자료 수집이지만, 패션지, 시사지를 보는 것도 자료 수집이다. 친구들이 좋아하는 식당에 가는 것도, 텔레비전의 토크쇼 시청도 자료 수집이다. 포인트는 촉수가 얼마나 예민하게, 멀리 쉬지 않고 뻗어 있느냐는 것이다.

일과 놀이를 분리하면 얼마나 재미가 없을까? 종종 그런 생각을 한다. 나처럼 놀기 좋아하는 사람이 재미없는 일을 해야 했다면 나는 지금 백수일 것이다. 그래서 나는 어떤 일을 하든 그것에서 즐거움을 찾고 놀듯이 하자고 맘먹었다. 일을 좋아하다보니 즐겁게 놀다가도 어느새 '왕건이' 자료를 '득템'했다며 좋아하는 나를 발견하기도 한다. 딱히 의식적인 일이 아니다. 이렇게 하나씩 평소에 축적되다가, 필요한 순간이 되면 그것이 하나의 그림으로 완성되어 떠오른다.

'A8 뱅앤올룹슨B&O은 명차와 명품 오디오의 만남이지. 이 자체가 명작이야. 요즘 최고의 독일 아티스트는 누굴까?'

A8 B&O의 콘셉트를 명작으로 잡은 뒤 나는 특별한 전시회를 기획했다. 격조 있는 전시 공간에 최고 아티스트의 작품을 전시하고, 그 전시품으로 A8 B&O를 출품한다는 콘셉트였다. 차가 독일 작품이니 아티스트도 독일 출신이 좋을 것 같았다.

나는 전문가를 찾아 자동차와 어울릴, 그러면서도 세계적으로 최고라는 평가를 받고 있는 아티스트를 수소문했다. 전문가가 추천한 아티스트는 회화작품보다 비싸게 팔리는 현대 사진예술의 대가들. 그들의 작품을 유치할 수 있는 협력업체, B&O의 소리를 최대한 느낄 수 있는 실내악 연주가들, 그리고 전시장도.

머리에서 순식간에 시뮬레이션이 이루어졌다. 나의 시뮬레이션은 매우 입체적이다. 멋진 작품이 전시되어 있고, 고객들이 이들 작품과 함께 전시된 A8 B&O를 호기심 어린 시선으로 감상한다. 이때 작은 무대가 열리면서 실내악이 연주된다. 행사를 진행하는 직원들, 구조물들, 우리 팀 직원들의 움직임까지 3D처럼 완벽에 가깝게 보인다. 이때 시뮬레이션이 제대로 돌지 않으면 다시 처음부터 점검한다. 시뮬레이션이 완벽해야 일을 시작한다.

시간이 오래 걸릴 것 같지만 그렇지 않다. 미션이 떨어지면 차에 걸맞은 콘셉트가 떠오르고, 그러고 나면 모든 것은 순식간에 머릿속에서 벌어진다. 이때 내가 돌려본 시뮬레이션이 신기하게도 실제 행사와 거의 똑같다. A8 B&O 전시회도 마찬가지였다. 시뮬레이션 때 알 수 없었던 것은 아티스트와 전시회 명칭, 그리고 구체적인 장소 정도였다. 전시회명 '퍼펙트 매치Perfect Match'. 토마스 슈트루트Thomas Struth, 칸디다 회퍼Candida Höfer, 토마스 루프Thomas Ruff의 작품 20여 점과 아우디의 '작품'이 전시되었다. 기획한 행사는 성공적으로 끝났다.

나는 나의 직관을 믿는 편이다. 아우디를 선택할 때도 그랬고, 협력업체를 선정하거나 행사 장소를 정할 때도 그렇다. 직원들은 물론 때로는 사장님까지도 내가 반대하는 이유를 잘 모른다. 나 역시 제대로 설명하지 못한다. 뭔가 걸리는 것이 있는데, 그것을 말로 하자니 참

사소할 때가 있기 때문이다. 이럴 때 주변 사람들을 설득하는 것이 쉬운 일은 아니다.

C 골프 대회 스폰서 요청이 들어왔을 때였다. 이 골프 대회는 세계적으로 유명한 글로벌 행사이고, 스폰서십 에이전트가 따로 있을 정도였다. 스폰서십 에이전트란 스폰서 계약을 협상하고 커미션을 받는 대리인을 말한다.

유럽에서 온 그 에이전트는 C 골프 대회의 스폰서 효과에 대해 설명했다. 우리로서는 세계적으로 유명한, 그리고 한국인들이 좋아하는 골프 종목의 스폰서가 되는 것이 나쁜 일이 아니었다. 사장님은 스폰서십을 체결하는 쪽으로 마음이 기울어졌다. 그런데 나는 쉽게 마음이 놓이지 않았다.

일단 스폰서 계약부터 마음에 걸렸다. 아무리 유명한 골프 대회라 해도 3년을 묶어서 계약을 해야 한다는 것이 편하지 않았다. 1년을 계약하고 결과를 봐서 연장해도 될 텐데, 그는 3년을 하지 않으면 다른 회사를 찾을 것처럼 말했다. 나는 에이전트에서 대회 운영에 관여하는지 물었다. 그랬더니 그는 너무나 자신 있게 운영이 문제없다고 말하는 것이었다. 보아하니 한국에 몇 차례 온 적도 없는 것 같은데 너무 자신 있어 하는 점도 이상했다.

그리고 이 골프 대회의 스폰서가 우리의 경쟁사였다는 것도 걸렸다. 경쟁업체가 빠진 자리에 아우디를 채워 넣는 게 아닌가 싶었다. 사실 이런 것들로 거의 확정된 스폰서 결정을 철회하기란 쉽지 않다. 하지만 나는 계속해서 결정을 미뤘다.

사장님도 우리가 신중하게 결정해야 한다고 이야기하셨다. 내 직관은 계속 이 '스폰서십 체결건'에 경고음을 내고 있었고, 다 알면서 무작정 위험을 떠안을 필요는 없었다. 결국 성공과 실패의 결과를 책임질 사람은 우리였으니 말이다. 결론적으로 아우디는 그 대회를 후원하지 않았다. 그리고 대회가 끝난 뒤 사장님은 후원하지 않기로 한 결정에 무척 만족해했다. 그해의 C 골프 대회는 대회 운영에 대해 언론에 보도될 정도로 좋은 평을 듣지 못했던 것이다.

협력업체나 장소를 정할 때, 그곳의 공기를 느끼면 결정하는 데 도움이 된다. 그 공기를 감지하는 것은 평소에 단련해두었던 예민한 감각과 일을 위한 준비 덕이다. 겉으로 멀쩡해 보이는 회사라 해도 그 회사의 직원들 간에 사소한 마찰이 보인다거나, 활력이 느껴지지 않으면 분명 그 회사에는 문제가 있는 것이다.

문제 있는 회사는 일을 진행할 때도 삐걱거린다. 업체 선정을 위한 프레젠테이션 때도 나는 한 팀으로 참여한 사람들 간의 분위기를 본다. 같은 팀으로서 협력이 잘되고 있는지, 서로를 신뢰하는지가 몇 마디 질문과 대답 속에서 느껴진다.

특히 사장이 프레젠테이션을 하는지를 유심히 본다. 더듬거리는 영어라도 최선을 다해 설명을 하거나, 아니면 전문 통역사를 대동하고 프레젠테이션하는 성의를 본다. 최고 결정권자가 직접 프레젠테이션을 한다는 것은 그만큼 그 건에 대해 잘 알고 있다는 뜻이고, 처음부터 끝까지 책임질 자세가 되어 있다는 뜻이기 때문이다. 사장부터 막내 직원까지 준비가 철저한 회사와 일을 하면 문제가 생기지 않는다.

조직에서 일하는 사람은 누구나 시뮬레이션이 가능해야 한다. 결정하는 위치에 있는 사람만이 준비가 필요한 것이 아니다. 나는 막내 직원일 때도 내가 하는 일의 전체적 의미를 생각하곤 했다. 막내인 내가 하는 일은 작고 보잘것없지만, 이 작은 일이 어떤 큰일과 연관되어 있는지를 늘 염두에 두고 일했다. 부장님 입장에서 나의 일은 어떤 의미일까, 사장님 입장에서 우리 팀이 하고 있는 일은 어떤 의미일까를 생각하다보면 내가 하는 작은 일이 정말 큰 의미로 다가왔다. 자연히 최선을 다할 수밖에 없었다.

롤플레잉, 역할 바꾸기를 해봐야 한다. 이것이 일을 위한 준비다. 사장의 입장에서, 부장의 입장에서, 과장의 입장에서, 혹은 막내의 입장에서 앞으로 해야 할 일을 전체적으로 돌려보는 것이다. 협력업체가 있다면 파트너 회사의 입장까지도 고려해야 한다. 이 시뮬레이션을 실사에 가깝게 할 수 있다면 그 일은 성공 확률이 급격히 높아질 것이다. 꼼꼼히 챙기는 시뮬레이션 기술은 다른 사람들은 절대 알 수 없는 나만의 비밀 병기이자 최고의 대비책이다.

## 가만가만 홀로 걷는 남산 길, 아무도 모르는 나만의 시간

남산이 깔아놓은 숲길로 가만가만 한 걸음씩 내딛다보면
어느새 머리가 맑아지면서 마음도 차분해졌다.
급한 경사도, 힘든 구간도 없이, 정상으로 안내해주는 남산이 참 편안했다.
길어봐야 한 시간, 남산에 올랐다 내려오면
꼴 보기 싫던 사람들도 다시 볼 힘이 충전되곤 했다.

2008년 청룡영화제가 열리던 날에는 비가 내렸다. 2008년부터 아우디코리아는 청룡영화제의 스폰서가 되었다. 원래 있었던 브랜드 외에 다른 스폰서는 받아들이지 않았던 행사인지라 아우디가 참여하기까지 우여곡절이 많았다.

자동차 브랜드라 스폰서가 될 수는 있었지만, 포토월의 브랜드 노출 등에서 기존 업체들에 밀릴 수밖에 없었다. 생각다 못해 나는 배우들이 레드카펫을 걷기 위해 차에서 내리는 자리에 아우디 로고가 박힌 입간판을 세우기로 결정했다. 이를 위해 영화제 진행팀과 협의를 마쳤다.

영화제 당일, 나는 사장님 부부와 함께 정장을 하고 국립극장에

도착했다. 진눈깨비가 흩날리는 가운데 많은 사진기자들이 모여 있었다. 아직 유명 배우들이 도착하기 전, 사장님과 함께 차에서 내리던 나는 가장 먼저 레드카펫의 시작 지점으로 시선을 돌렸다. 협의한 대로 우리 회사의 로고가 잘 보이는지 확인하고자 했던 것이다. 그 자리를 보자마자 순간적으로 화가 치밀어 올랐다.

"뭐야? 누가 이렇게 해놨어?"

나는 우산이고 뭐고 집어던지고 레드카펫 쪽으로 달려갔다. 시작점에 놓여 있어야 할 아우디 입간판이 한쪽으로 치워져 있었던 것이다. 배우들을 기다리던 기자들이 나를 보며 수군거렸다. 자동차 담당 기자들은 나를 아는 이들이 많지만, 영화 담당 기자들과는 안면이 없는 경우가 대부분이었다. 그랬으니 그들 눈에는 갑자기 나타나 소리를 지르는 내가 이상해 보였을 것이다. 사장님은 한국말을 몰랐지만 분위기가 심상치 않다는 것을 눈치채고 나를 불렀다. 나는 아무것도 보이지도 들리지도 않았다.

"담당자 나오라고 해!"

현장에서 배우들 동선과 관련해서 시설물을 관리하는 것은 경호업체의 일이었다. 다른 스폰서, 진행업체들과 마찬가지로 오랜 시간 영화제를 꾸려온 팀이었다. 나는 그동안 참았던 분노가 폭발하는 것 같았다. 경호업체 직원들은 멀뚱멀뚱 쳐다보기만 할 뿐 아무도 말을 듣지 않았다. 나는 입간판을 들고 혼자 힘으로 카메라의 배경이 될 지점까지 밀었다. 그때 경호업체의 팀장이 나를 알아보고 달려왔다. 그제야 가만히 지켜보던 직원들이 입간판을 움직여 자리를 잡아주었다.

나중에 들은 이야기지만, 직원들은 슈트를 입은 웬 여자가 비를 맞으면서 입간판을 움직이는 모습에 입을 다물지 못했다고 한다. 내가 아우디코리아의 마케팅 총괄이사일 것이라고는 생각도 못했다는 것이다. 지금 돌아보면 행사 시간은 다가오고, 천천히 점잖게 일을 해결할 만한 여유가 없었기에 벌어진 일이지만 종종 현장에선 이런 방법이 빠를 때가 있다.

이 일을 계기로 나는 경호업체 팀장과 친해졌다. 그 이야기를 할 때마다 그는 내가 강단이 대단하다고 말하곤 했다. 아우디와 관련된 일이라면 물불 가리지 않는 것이 나의 병이었다.

태동부터 함께한 아우디코리아. 나는 아우디의 모든 것을 함께했다. 나의 담당이었던 홍보 마케팅은 기본, 온갖 전화를 처리하며 비서 업무를 했고, 일차 면접을 하며 인사 업무도 했고, 각종 비용에 관한 회계 업무는 물론 직장이 들어설 사무실을 계약하는 관리 업무까지, 일반 회사원은 절대 경험할 수 없는 전천후 업무를 전부 해보았다. 그렇게 만들어진 회사라서 그런지 아우디에 대한 나의 애정은 상상을 초월한다.

빼어난 디자인, 최초를 두려워하지 않는 모험심, 누구도 따라올 수 없는 기술력…… 아우디는 누구에게나 자랑하고 싶은 최고의 애인이었다. 정말 줄기차게 짝사랑을 했다. 아우디를 위해서라면 못할 것이 없는 뜨거운 마음으로 미친 듯이 달려왔다. 독하다는 말을 듣는 것은 상관없었다. 내가 사랑하는 아우디를 위해 최선의 결과를 내기 위해 양보는 없다.

"사람은 나를 배신해도 일은 나를 배신하지 않는다."

아우디에서 일하면서 얻은 결론이다. 워커홀릭의 전형적인 멘트라고 하겠지만, 사실 자동차 업계에 들어오면서 나는 거의 매일 사람에게 엄청난 상처를 받았다. 믿었던 사람에게 배신당하는 것이 일과였다. 하지만 일은 항상 결과가 남았다. 일에 대한 성과 외에 사진이나 보고서, 영상으로 남는 결과는 내게 큰 힘이 되어주었다.

일 때문에 스트레스가 생기면 놀면서 다시 힘을 얻곤 했다. 클럽이나 멋진 레스토랑에서 새로운 생각, 놀라운 감각을 가진 친구들을 만나 즐거움을 공유하는 것이 나의 취미였다. 아름다운 예술작품 같은 패션 아이템을 쇼핑하는 것도 사람에게 지친 나를 위로해주었다. 하지만 이런 즐거움으로도 해결되지 않는 상황이 되면, 분노가 끓어오르면 나는 모든 것을 놓고 무작정 남산으로 갔다.

서울이라는 대도시를 아름답게 해주는 보물 같은 산. 남산이 깔아놓은 숲길로 가만가만 한 걸음씩 내딛다보면 어느새 머리가 맑아지면서 마음도 차분해졌다. 급한 경사도 없이, 힘든 구간도 없이, 정상으로 안내해주는 남산이 그렇게 편안할 수 없었다. 길어봐야 한 시간,

남산에 올랐다 내려오면 꼴 보기 싫던 사람들도 다시 볼 힘이 충전되곤 했다.

에너지가 고갈되었다고 느껴질 때는 홀로 시장을 찾았다. 내가 제일 좋아했던 곳은 동대문 제일평화시장. 지금은 그 활력이 전보다 못하지만, 미로 같은 시장을 헤매는 것이 너무나 좋았다. 머리에 식사를 이고 다니는 아주머니들, 커피 카트를 끌고 다니며 진한 커피를 타주는 아주머니들. 그리고 무엇보다 숨겨진 보석 같은 로컬 디자이너들의 작품을 발견하는 기쁨이 있었다.

그리고 사람들…… 새벽에 동대문시장을 찾는 사람들은 대부분 옷과 관련된 사람들이었다. 지방에서 차를 대절해서 온 상인들이 찾는 아주머니, 아저씨 들의 옷부터 마니아층이나 구입할 법한 아이템만 찾는 사람들. 나이와 상관없이 패션에 관심이 많은 상인들은 젊었고 개성 넘쳤다. 그들을 보며 나 역시 패션을 즐기는 사람이 되어 누구의 신경도 쓰지 않고 즐거운 시간을 보낼 수 있었다.

남대문시장은 동대문시장처럼 패셔너블한 느낌은 없지만, 그보다 강하고 끈질긴 생명력을 느낄 수 있다. 그곳에서 두툼하고 큼직한 토스트를 한입 베어물고, 진한 다방커피를 한잔 마시면 어느새 나도 나의 일자리로 돌아가고 싶은 욕구가 생겼다. 시장은 사람에게 지친 나에게 에너지를 채워주는 곳이었다. 사람에게 지쳐도 내가 다시 에너지를 채우는 곳은 결국 사람이 가득한 장소였다.

워커홀릭으로 많은 시간을 보냈지만 요즘은 일과 삶의 밸런스를 생각하고 있다. 지독한 짝사랑은 그 대상이 사람이든 일이든 사람을 피폐하게 만든다는 것을 깨달았다. 가장 먼저 깨달음의 신호를 보낸 것은 나의 몸이었다.

왠지 쉽게 지치고 작은 일에도 짜증이 나던 즈음, 병원에서 청천벽력 같은 말을 들었다. 갑상선에 종양이 생겼다는 것이다. 검사를 하고 결과를 기다리는 동안 내 삶을 돌아보았다. 불규칙한 식사, 운동 부족, 잦은 출장, 너무 많은 행사…… 회사에서는 점심시간도 공식적인 업무의 연장일 때가 많았다. 바쁠 때는 밥 대신 빵으로 대충 때우며 일을 할 때가 많았다. 운동을 하고 싶었지만 사람 만날 일이 많은 주에는 한 번도 못하는 때도 있었다. 잦은 출장 때문에 시차 문제가 생겨 수면제도 자주 이용했고, 친구들을 만나면 커피나 술이 기본이었다.

'일은 나를 책임져주지 않는다.'

나는 일에 대해 좀 다른 생각을 하게 되었다. 일의 결과가 나를 배신하지는 않지만, 일은 사람이 아니었다. 아우디라는 브랜드를 너무나 사랑해서 집착도 강했지만, 그것이 내 것은 아니었다. 내 삶의 일부인 것은 사실이지만, 나는 너무나 전부인 것처럼 여기며 살았다.

이젠 일과 내 삶의 균형을 잘 찾아야겠다고 생각했다. 나는 우선 식사를 바꿨다. 빵과 커피, 술을 끊고 현미와 채소 위주의 식사를 만들어 먹었다. 좋아하기만 했던 요리를 본격적으로 해볼 수 있는 기회도 되었다. 일이 있으면 빠지기 일쑤였던 필라테스도 전에 하던 횟수의 두 배로 늘렸다. 점심시간에 가서 운동을 하고 오거나, 주중에 못하면

주말에라도 운동 횟수를 채웠다.

반려자를 만나 마음의 안정을 찾으며 여유가 생겼다. 그러자 일도 편안하게 대할 수 있게 되었다. 함께 일하는 나의 팀을 좀 더 챙길 수 있었다. 여전히 일은 내 삶의 대부분을 차지한다. 전과 다를 바 없는 일상이다. 하지만 내 마음은 많이 달라졌다. 어렵게 찾은 이 균형을 오래도록 놓고 싶지 않다.

# 내 인생 가장 뜨거운 꿈, '글로벌인人'

일본에서의 홈스테이 경험은 인생의 방향을 정하는 데 결정적이었다.
한창 예민했던 내게 그 경험은 넓은 세계에 대한 개안이었다.
'세상은 이렇게 넓구나.
세계인들은 이렇게 다양한 일을 하며 살아가고 있구나!'
한국에서 혼자 구석에 틀어박혀 반 아이들을 두려워했던 시간이 아까울 정도였다.

어릴 때 내가 살던 동네는 주택가가 많지 않은 공장지대였다. 아빠는 엔지니어 출신으로 공기업에서 일하셨고, 엄마는 유치원을 운영하셨다. 부잣집은 아니었지만 맞벌이인 부모님 덕분에 돈 걱정을 해야 하는 집은 아니었다.

그런데 그 정도의 생활 수준도 우리 동네에서는 아주 잘사는 축에 속했다. 뭘 모르는 것 같지만 이런 미묘한 차이를 아이들이 더 잘 감지한다는 것을 어른들은 알까? 같은 반에는 점심 도시락조차 싸가지고 올 수 없는 형편의 아이들이 많았다. 그런데 바로 그 이유 때문에 나는 홀로 있을 때가 많았다.

"오늘부터는 우리 너랑 말 안 할 거야!"

이유를 알 수 없는 따돌림에 주위를 돌아보니, 반 아이들 중에 도시락은 물론이고 머릿니를 달고 사는 아이, 손톱 밑이 까맣고 신발이 더러운 친구들이 많았다. 나처럼 고급 아동복 브랜드의 원피스를 입는 아이는 없었다. 이런 상황을 깨닫고 아이들에게 먼저 다가가 손을 내밀기에는 나도 많이 어렸던 것 같다.

이런 기억은 내게 큰 상처였지만, 동시에 세상에는 다양한 처지의 사람이 있다는 것을 이해하는 계기가 되었다. 더불어 집단 심리에 대해 고민하는 시간도 되었던 것 같다. 이것은 후에 결국 사람의 마음을 움직이는 마케팅 기획에도 연결되었다고 생각한다.

내가 다른 아이들의 처지를 알지 못해서 그들에게 상처를 줄 수 있다는 것을 알았지만, 동시에 처지가 다르다는 이유만으로 상처를 주는 아이들에 대해서도 생각했다. 나는 세상에는 다양한 사람들이 사는데, 그 사람들을 인정하며 사는 것이 올바른 태도라는 생각을 하게 되었다.

초등학교 고학년부터 중학교 1학년 정도까지 친구가 없었다. 원래 구석에 틀어박혀 책 읽는 것을 좋아했던 나는 점점 말수가 줄어들고 혼자 있는 시간이 길어졌다. 학교에서의 상황을 엄마에게 말하지는 않았지만, 엄마는 딸의 미묘한 변화를 아셨던 것 같다. 엄마는 아이들끼리 모여서 다언어놀이를 하는 '라보LABO'라는 프로그램에 나를 보냈다. 그 모임에서 비슷한 또래의 아이들과 함께 공부하며 나는 비로소 친구를 사귀었고, 외로움에서 조금씩 벗어났다. 그리고 중학교 2학년 방학 때 일본 가정집에서 홈스테이를 한 경험은 내 인생의 방향을 정하는 데 큰 역할을 했다. 한창 예민했던 내게 그 경험은 넓은 세계에 대한 개안이었다.

'세상은 이렇게 넓구나. 세계인들은 이렇게 다양한 일을 하며 살아가고 있구나!'

한국에서 혼자 구석에 틀어박혀 반 아이들을 두려워했던 시간들이 아깝다는 생각이 들 정도로 다른 세계의 사람들은 바쁘게 살았다. 나와 다른 언어를 가진 사람들이, 내가 전혀 모르던 세상에서 저마다 열심히 산다는 것이 내게는 큰 충격이었다. 일본 홈스테이를 다녀온 다음부터 내 머릿속에는 어디에서 들었는지도 모를 한 단어가 바위에 새긴 듯 지워지지 않았다.

'글로벌인人'. 글로벌인이 되어야겠다고 생각했다. 내가 무엇을 하든, 어디에서 살든, 나는 세계를 무대로 살아가겠다는 결심을 하게 된 계기였다. 세계를 경험하고 오자 한국에만 있는 시간이 답답했다. 학교에서 공부하고 있을 때도 한시라도 빨리 외국으로 나가야 할 것만 같았다. 공부가 아니라 일을 하고 싶었다. 세계인으로 살고 일하고 싶은 마음이 너무나 컸다.

그 마음 때문에 고등학교 때는 우울하게 지낼 정도였다. 유학을 가고 싶었다. 하지만 부모님은 허락하지 않았다. 여러 차례 부모님을 설득해보았지만 결국 유학의 꿈은 조각나고 말았다. 유학을 갈 수 없어 크게 실망했지만 다시 마음을 잡았다. 잠시 미뤄진 것뿐이라고 생각했다.

대학 때도 유학은 가지 못했지만, 한번 불붙은 '글로벌인'에 대한 꿈은 사그라질 줄 몰랐다. 미래에 대한 꿈도 '글로벌인'이라는 잣대로 재단했다. 유학을 갈 수 없다면 세계를 무대로 일할 수 있는 직업을 갖겠다는 꿈이 남아 있었다. 세계의 상식이, 생각이 통하는 회사, 투명하게 이루어지는 의사결정, 성과 이외의 것으로 사람을 평가하지 않는 합리적인 시스템, 공과 사를 구분할 줄 아는 쿨함. 나는 지속적으로 글로벌 회사에 문을 두드렸고 글로벌한 사람이 되기 위해 노력했다.

생각해보면 글로벌인으로서의 자세를 가장 먼저 알려준 사람은 역설적이게도 아빠였다. 아빠는 한국중공업에 다니셨는데, 엔지니어로 일하다가 의전담당 실장으로 자리를 옮겨 일하셨다. 아빠가 젊었을 때 당시 한국은 개발도상국으로서 외국 손님이 와도 보여줄 곳이 마땅치 않았다. 그런 상황에서 아빠 직장인 한국중공업은 한국 정부가 자랑할 만한 몇 안 되는 회사였다. 그러다보니 아빠 회사에는 외국 손님이 자주 찾아왔다. 대부분은 의전에 신경을 써야 할 정상급 인물들이었다.

의전담당인 아빠는 어떤 실수도 없이 이 일을 처리해야 하는 자리에 있었다. 아빠는 일본과 미국의 서양 예법에 대한 책을 찾아서 읽고, 의전에 대해 열심히 공부하셨다. 그러면서 이 서양 예법을 딸들에게도 가르쳐주셨다. 테이블웨어 일체를 집에 갖추고 시간이 나면 우리에게 테이블 예절을 가르쳤다. 그리고 적어도 한 달에 두 번은 레스토랑에 스테이크를 먹으러 갔다.

남들은 부러워할 그 외식 시간이 나와 내 동생에게는 두려움의 시간이었다. 서빙하는 웨이터와 웨이트리스 분들께 인사매너는 기본, 포크와 나이프를 순서대로 쓰지 않으면 호통이 떨어졌다. 음식을 입에 넣고 말을 해도 크게 혼이 났다. 그때는 그렇게 귀찮고 불편했는데, 아빠 덕분에 나는 지금까지 서양식 예절이 몸에 배어 있다. 딸이라고 유학은 절대 불가라고 하셨지만, 아빠도 딸이 살아갈 시대에는 글로벌인으로 살아가기를 바라셨는지도 모르겠다.

나는 자신의 능력으로 최고가 되고 싶은 사람에게 글로벌 기업은 성장의 기회를 많이 준다고 자부한다. 글로벌 기업의 지사보다 본사에서 일하는 것이 더 나을 수도 있다. 하지만 글로벌 기업의 본사에서 일을 가장 잘할 수 있는 사람은 그 나라와 문화에 익숙한 사람들이다.

지사도 마찬가지다. 글로벌 기업이라고는 하지만, 그 나라에 뿌리박은 사람들만이 할 수 있는 일들이 있다. 아우디코리아처럼 세계적 명차를 파는 글로벌 기업의 지사는 독일에서 만든 명차라는 것만으로 경쟁할 수 없다. 한국의 특성과 한국 문화, 한국인의 라이프스타일을 모르고서는 생활과 밀접한 차라는 물건을 팔 수 없는 것이다.

지사라고 해도 자신이 어떻게 하느냐에 따라 충분히 기회는 만들 수 있다. 오히려 한 개인이 자신의 업적을 어필하는 데는 본사보다 지사의 직원이 유리하다. 독일 본사에 가보면 그 큰 규모에 놀란다. 우리나라 기업에서 총수의 얼굴 한번 보기가 힘든 것이나 마찬가지로 본사의 직원들도 최고 보스를 독대할 기회는 하늘의 별 따기다.

하지만 지사는 상대적으로 규모가 작다. 본사 직원들도 1년에 한 번 볼까 말까 한 보스를 나는 두세 번 직접 만날 수 있다. 여러 가지 일로 보스가 한국에 올 경우, 지사 사장님 외에 그를 안내할 사람이 바로 나이기 때문이다. 업무를 진행하며, 한국을 안내하면서 자연히 얼굴을 익히게 되고 그러다보니 내가 해낸 업무와 성과에 대해 특별한 관심을 보이기도 한다. 일만 제대로 한다면 성과를 인정받을 기회가 본사 직원들보다는 많은 편이라는 얘기다.

또한 자신이 어떻게 하느냐에 따라 말 그대로 '글로벌'한 일을 벌일 수도 있다. 2011년 8월, 아우디는 중국을 제외한 아시아 태평양 지역의 뉴 A6 신차 발표회를 한국에서 가졌다. 아우디는 그동안 독일이나 유럽의 유명 휴양지에 전 세계의 딜러와 고객들을 초청해 대규모 신차 발표회를 열었다. 단 한 번도 유럽 바깥 지역에서 글로벌 발표회를 연 적이 없었다. 그러므로 뉴 A6의 신차 발표회는 극히 이례적인, 아우디 역사상 처음 있는 일이다.

아시아 태평양 지역 1600명이 넘는 딜러와 VIP 고객들이 방문하는 엄청난 이벤트로, 아시아 각국에서 이 행사를 유치하고 싶어 했다. 본사는 그동안 아우디코리아의 놀라운 성장을 높이 평가하는 것은 물론, 2010년 피에르 가니에르와 함께했던 A8의 발표회를 보고 한국에서 행사를 추진해보라고 제안해왔다. 충분한 인프라와 역량을 갖고 있다고 본 것이다. 결국 내가 처음 아우디코리아에 발을 들여놓았을 때 생각했던 '최초'라는 타이틀을 드디어 따낸 것이다.

나는 어릴 때부터 마음에 담고 있던 '글로벌인'으로서의 삶을 열심히 살았고, 앞으로도 그렇게 살아갈 생각이다. 나는 요즘 또 다른 꿈을 꾸고 있다. 세계에 한국을 알리는 일, 세계적인 행사 속에 한국을 스며들게 하는 문화사절단 역할을 하는 것이다. 올해 뉴 A6 론칭 행사 프로그램에 한국가구박물관 관람을 넣고 우리나라 전통한복을 입고 외국 고객들 앞에 나섰던 이유다. 나는 아직도 하고 싶은 일이 너무나 많다.

## 남들은 야망이라 쓰고 나는 즐거움이라 읽는다

사람들과 함께 하고 싶은 일이 너무 많아서 더 큰 영향력을 꿈꾸기도 한다.
이런 것들을 두고 남들이 야망이라 부른다면,
그렇게 받아들이는 수밖에 없다.
하지만 내게는 어디까지나 커다란 즐거움이다.

경력이 쌓이고 노하우가 많아지다보면 할 수 있는 일의 범위가 자연스레 늘어난다. 일에 빠져 살다보니 머리는 온통 아이디어로 꽉 차 있다. 이런 사람이 있을 때 그 사람을 어떻게 기용하느냐에 따라 그 회사의 수준을 판가름할 수 있다. 처리할 수 있는 능력이 많고 아이디어가 샘솟는 직원이 제때 승진하느냐를 보면 된다는 말이다.

승진을 많은 이들이 개인적인 영광으로만 생각하는데, 사실 개인적인 의미는 승진하는 날 하루 기뻐하는 것으로 끝이다. 진짜 즐거움은 일을 할 때 느끼게 된다. 그동안 지위가 낮아서 상대방 협력회사나 공무원들을 만날 때 힘이 실리지 않았던 경험을 더 이상 하지 않아도 된다. 쓸 수 있는 예산의 크기가 달라지면서 머리에 가득했던 아이디어를 하나씩 더 실행해나갈 수 있다. 그동안 쌓았던 노하우로 더욱 완성도 높은 일처리를 보여줄 수 있다.

"이이사, 이제 사장 해야지?"

"이이사, 본사로 갈 생각인가봐?"

내가 이사라는 타이틀을 얻게 됐을 때, 사람들이 이런 말로 인사치레를 했다. 어떤 사람은 '나의 야망의 끝이 어디냐'고 묻기도 했다. 물론 악의가 있는 질문은 아니지만, 순간 멈칫했다. 야망……? 나에게 어울리지 않는 말이라고 생각했다. 생각해보니 나의 겉모습만 보면 그럴 수도 있겠다 싶었다. 어쨌든 나는 남보다 이른 나이에, 그것도 여성으로서 자동차 업계의 임원이 된 것이니까. 나는 구태여 나에 대해 설명하려고 하지 않았다. 앞으로 내가 하고 싶은 일도 보는 사람에 따라 야망으로 비칠 수도 있겠다 싶어서다.

나는 내가 기획한 마케팅과 행사에 사람들이 호응을 보내는 것을 지켜보는 것이 무척 즐겁다. 마케팅이란 목적이 있는 커뮤니케이션이다. 아우디라는 브랜드를 인지시키고, 다이내믹한 아우디만의 고급스러움을 느끼고, 그렇기 때문에 많은 이들이 아우디라는 차를 타고 싶다는 마음을 갖게 하는 것이 내 가장 큰 희열이다. 그리고 그런 과정에서 새로운 문화와 아티스트를 통해 그것을 경험한 사람들이 행복을 느끼는 것, 그것에서 나 또한 행복을 느낀다. 내 인생에 무슨 일이 벌어질지는 몰라도 한 가지 확실한 것은 나는 언제 어디서든 이런 일을 하며 살 것이라는 것이다.

아우디에서의 10년간, 나는 아우디라는 브랜드 자체를 한국에 알리기에 앞장섰고, 고급스럽지만 무겁지 않은 다이내믹 프레스티지라는 이미지를 만들어냈다. 수입차 브랜드에 장벽이 높았던 우리나라에서 아우디가 공략할 대상은 고급차를 필요로 하는 사람들이었다. 기술력을 바탕으로 세계 최고 수준의 하이엔드 자동차를 소유하고 싶은 사람들에게 아우디라는 브랜드를 인지시키는 것이 나의 일이었다. 그로부터 10년, 아우디에서의 나의 일차 목표는 성공적으로 완수했다고 자평한다. 하지만 이제 그 대상을 넓혀가고 싶다.

아우디는 유럽에서도 고급차로 인식되고 있는 브랜드지만, 소형 엔진과 경쾌한 차종도 생산하고 있다. 우리나라 젊은 층이 함께 고려해볼 만한 차들이 분명히 있다는 것이다. 소형차라 해도 기술력과 연비로 대변되는 아우디의 프리미엄은 유효하기에 분명히 반응이 있을 것이라 생각한다. 마케팅 대상을 넓히면 좀 더 대중적인 마케팅 행사를 할 수 있게 된다. 지금도 소셜 네트워크 서비스SNS와 블로그 등 온라인을 통해 대중 마케팅을 진행하고 있지만, 더 다양한 방식을 고심하고 있다. 더 많은 사람들을 만나고 좀 더 대중적인 마케팅을 하게 되면 더 많은 사람들에게 소개할 수 있다는 생각에 마음이 들뜬다.

나는 세계의 다양한 문화를 흡수하면서 새로운 문화를 전파하는 것이 얼마나 즐거운 일인지 많이 경험했다. 나는 내가 경험한 이 즐거움을 더 많은 이들에게 알려주고 싶다. 특히 어린 친구들에게 넓은 세상을 보여주고 싶다.

아우디는 각 지사마다 사회공헌 프로그램을 갖고 있다. 사실 가장 편한 일은 기부를 하는 것이지만, 나는 특별한 기획으로 조금이라도 필요한 이들에게 새로운 지평을 열어주고 싶었다. 독일 월드컵 때 나는 본사를 통해 월드컵 티켓을 구입했다. 그리고 어려운 환경에서 운동하는 축구 꿈나무와 함께 독일로 날아갔다. 대부분 해외여행이 처음인 친구들이었다. 어찌 보면 그저 첫 해외여행에 불과하고, 월드컵 축구 관람을 한 것에 불과하지 않느냐고 말할지 모른다. 하지만 나는 아이들의 감수성을 믿는다. 그들이 세계의 큰 무대에서 본 하나의 경기가 그들 인생에 커다란 꿈을 심는 계기가 될 수도 있다고 믿는다.

역시 형편이 어려운 공업고등학교 친구들을 독일 본사의 공업고등학교에 데리고 간 것도 같은 생각 때문이었다. 우리나라에서는 아직도 기술을 하대하는 경향이 있다. 인문계 고등학교가 아닌 공업고등학교에 다니는 친구들이 어깨를 쭉 펴지 못하는 것도 다 그 이유다. 하지만 내가 본사에 갔을 때 가장 놀랐던 것이 공업고등학교에 다니는 친구들의 당당함과 기술자들의 사회적 위상이었다.

독일 아우디 본사에는 공장 내에 자동차 기술 마이스터 고등학교가 있는데, 이 친구들의 미래는 매우 밝았다. 이 고등학교에서 공부하면 3년째쯤 되는 해부터 인턴처럼 아우디 본사 내에 있는 AS센터에서 일을 할 수 있다. 이들은 본사의 임원들 차를 수리하며 실습을 한다. 이렇게 공부하며 수업을 마치면 아우디의 직원이 되는 경우가 대부분인데, 급여 수준도 높고 사회적으로도 존경을 받는다.

단지 한국과 독일이라는 차이일 뿐인데, 두 나라 공고 학생들의 당당함과 졸업 후 사회에서의 위치가 너무 달랐다. 나는 한국의 공업고등학교 친구들에게 이렇게나 다른 세계의 아이들을 보여주고 싶었다. 한국이라는 좁은 세계에 갇혀 자신감을 잃지 말고, 기술자가 대접받는 더 큰 세상으로 나갈 수도 있다는 것을 알려주고 싶었다. 실제로 아우디 본사의 학교에서 함께 수업을 받고 실습한 아이들은 굉장히 놀라워했고, 눈물을 흘리는 친구도 있었다. 한국으로 돌아온 후 그들은 자신에 대해 좀 더 뚜렷한 꿈을 갖게 되었다고 내게 말해주었다.

내가 하고 싶은 일들은 바로 이런 것이다. 사람과 함께 문화를 나누는 일, 어린 친구들에게 세상이 얼마나 넓은지 보여주는 것. 사람들과 함께하고 나누는 것이 나의 꿈이다.

개인적으로 해보고 싶은 또 다른 일은 한국이라는 브랜드를 세계에 알리고 그 가치를 정확하게 전달하는 것이다. 유럽에서 지내다보면 아직도 많은 사람들이 한국이 어디에 있는지 모른다. 한국과 중국과 일본이 같은 언어를 쓰는 줄 아는 사람도 많다. 하지만 이런 사람들도 한국의 음식, 음악, 미술 등 문화를 접하면 금세 반한다. 몰라서 그렇지 알면 좋아할 수밖에 없는 우리나라만의 매력이 분명히 있다.

유럽에서 한국은 내게 2000년대 초반의 아우디와 비슷한 대상이다. 저평가된 한국이라는 브랜드를 나만이 알고 있다는 생각에 이런저런 아이디어가 떠오르곤 한다. 나는 아우디코리아를 통해 한국이 널리 알려지길 소망한다. 해외 VIP가 참가하는 행사가 있으면 빠짐없이 우리 문화가 있는 장소를 소개하고, 내가 전통한복을 입고 나서는 것도 그 이유에서다.

내가 하고 싶은 일들은 이런 것이다.
사람과 함께 문화를 나누는 일,
어린 친구들에게 세상이 얼마나 넓은지 보여주는 것.
사람들과 함께하고 나누는 것이 나의 꿈이다.

쓰다보니 내가 하고 싶은 일은 모두가 사람과 연관이 되어 있다. 나는 쉴 때도 사람과 함께 있고 싶고, 이루고 싶은 꿈에도 언제나 사람이 있다. 나의 일은 사람과 관계를 맺는 일이고, 사람으로부터 배우는 일이다.

사람들과 함께 하고 싶은 일이 너무 많아서 더 큰 영향력을 꿈꾸기도 한다. 이런 것들을 두고 남들이 야망이라 부른다면, 그렇게 받아들이는 수밖에 없다. 하지만 내게는 어디까지나 커다란 즐거움이다. 내가 살아가는 동안 절대 포기하지 않을 커다란 즐거움.

나는 오늘도 새로운 즐거움을 찾아 나설 준비를 한다. 가장 아끼는 든든한 친구, 아우디와 함께.

아우디 그녀, 세상을 사로잡다

1판 1쇄 2011년 10월 27일
1판 6쇄 2012년 3월 15일

지은이 이연경
펴낸이 강병선

기획 · 책임편집 형소진 | 편집 방재숙 오동규 | 글 정리 조정현
디자인 김이정 이주영 | 본문 사진 아우디코리아
마케팅 우영희 채유담 | 온라인 마케팅 이상혁 한민아 장선아
제작 안정숙 서동관 김애진 | 제작처 상지사P&B

펴낸곳 (주)문학동네
출판등록 1993년 10월 22일 제406-2003-000045호
주소 413-756 경기도 파주시 문발동 파주출판도시 513-8
전자우편 editor@munhak.com | 대표전화 031)955-8888 | 팩스 031)955-8855
문의전화 031)955-8889(마케팅), 031)955-2681(편집)
문학동네카페 http://cafe.naver.com/mhdn
문학동네트위터 http://twitter.com/munhakdongne

ISBN 978-89-546-1636-2 03320

* 이 도서의 국립중앙도서관 출판시도서목록(CIP)은 e-CIP 홈페이지(http://www.nl.go.kr/ecip)와
국가자료공동목록 시스템(http://www.nl.go.kr/kolisnet)에서 이용하실 수 있습니다.
(CIP제어번호: CIP2011004404)

www.munhak.com